빼앗긴 들에도 봄은 오리니

인물로 읽는 한국사 8
빼앗긴 들에도 봄은 오리니

저자_ 이이화

1판 1쇄 인쇄_ 2008. 12. 18.
1판 1쇄 발행_ 2008. 12. 23.

발행처_ 김영사
발행인_ 박은주

등록번호_ 제406-2003-036호
등록일자_ 1979. 5. 17.

경기도 파주시 교하읍 문발리 출판단지 515-1 우편번호 413-756
마케팅부 031)955-3100 편집부 031)955-3250 팩시밀리 031)955-3111

값은 뒤표지에 있습니다.
ISBN 978-89-349-3241-3 04900
978-89-349-2814-0 (세트)

독자의견 전화_ 031)955-3200
홈페이지_ http://www.gimmyoung.com
이메일_ bestbook@gimmyoung.com

좋은 독자가 좋은 책을 만듭니다.
김영사는 독자 여러분의 의견에 항상 귀 기울이고 있습니다.

빼앗긴 들에도 봄은 오리너

| 이이화 지음 |

김영사

역사의 주역은 누구인가

역사인물의 발자취를 따라가는 일은 흥미롭고 재미있다. 그들을 통해 한 시대사의 흐름을 알 수 있고, 여러 유형의 인간이 어우러져 사는 모습도 들여다볼 수 있다. 그래서 인물로 읽는 역사책이 사건으로 이어진 역사책보다 더 흥미를 유발하는 것이다.

흔히 인물이 역사를 만들고 시대가 영웅을 낳는다고 한다. 어김없는 사실이다. 하지만 근대 역사학에서는 이러한 생각을 비판적으로 본다. 역사의 주역을 어느 계층으로 보는가에 따라 평가가 달라지기도 하고, 누구를 위한 영웅인가에 따라 바라보는 눈이 달라질 수도 있다는 것이다. 또 시대 상황에 따라 객관적 평가의 잣대가 얼마든지 다를 수 있다.

필자는 한국사를 공부하면서 역사인물에 대한 탐구를 멈추지 않고 그들의 역할과 업적을 여러 모로 따져보았다. 그리하여 역사 속 인물에 대한 평가에 절대적인 기준이 있는 것이 아니라는 점을 곱씹었다. 정말로 진실은 어디에도 없다. 어느 시대에는 아주 막돼먹은 인물로 치부되었더라도 시대적인 안목에 따라 평가 기준이 달라지기도 한다.

우리 역사의 경우에도 예외는 아니다. 왕조시대에는 체제에 순응하여 충신으로 추앙받았던 인물이 오늘날에 와서는 그 이면

이 재조명되고 있는가 하면, 왕조시대에 역적으로 몰려 죽었으나 그런 인물의 저항이나 개혁의지가 오늘날에는 시대정신을 구현했다는 높은 평가를 받기도 한다. 충신으로 추앙받았던 성삼문, 역적으로 몰려 죽은 허균이 이 시대에도 여전히 충신, 역적일 수만은 없다는 뜻이다.

필자는 역사인물을 기술하면서 예전의 어떤 기준을 맹목적으로 따르지 않았다. 필자 나름의 가치판단에 따라 기술한 것이다. 그에 따라 김방경, 정여립, 광해군, 강홍립, 정인홍, 허균, 장혼, 이필제, 전봉준 등 재조명 작업이 필요한 인물과 이름이 별로 알려져 있지 않은 인물들의 이야기를 열심히 써왔다. 물론 그 중에는 긍정적인 인물도 있고, 부정적인 인물도 있다.

그러나 한편으로는 아무리 그 인물의 의식과 행동을 높이 평가하더라도 자료가 부족하거나 제한적이어서 약전略傳조차 제대로 쓰기 어려운 인물도 많았다. 수나라에 맞서 나라를 지킨 을지문덕, 지도 제작에 일생을 바친 김정호가 그러하며, 신분사회 속에서 그 한계를 극복하고 의학, 과학, 예술 등 한 분야에서 뛰어난 업적을 남긴 허다한 인물들의 사례가 그러하다.

이렇게 모은 약전 형식의 역사인물 전기가 어느덧 한국사 전시대를 통틀어 260여 명을 헤아리게 되었다. 이 글들을 다시 수정하기도 하고 보충하기도 하여 집대성해보니 원고지 1만 매가 넘는 방대한 분량이 되었다. 원고를 주제별로 분류해보니 제왕, 위정자, 변혁을 꿈꾼 혁명가, 의학·과학자, 문학가, 예술가, 종교가, 사상가, 실학자, 개화기 지식인, 동학농민전쟁 지도자, 국내외 독립운동가, 한국사의 명장면을 연출한 라이벌과 동반자, 광복 이후 해방공간의 정치가와 현대사의 주역들 등 자연스럽게 '인물로 읽는 한국역사'가 되었다. 필자가 이미 펴낸 『한국사이야기』와 더불어 짝을 이룬 셈이다.

이 시리즈의 8권은 국권이 상실된 뒤 독립운동에 투신한 인물 20인의 활동을 담았다. 이들은 목숨을 걸고 민족해방 투쟁을 전개했다. 이들은 국내와 국외를 무대로 해서 재산과 가족을 버리고 온갖 시련과 고난을 이겨내고 강인한 민족애로 생애를 바쳤다.

그런 과정에서 때로는 이념대립도 있었고 노선갈등도 있었다. 또 투쟁노선을 두고 각기 주장을 달리하기도 했다. 그리하여 내부 갈등과 분열이 유발되기도 했다. 하지만 그 일념은 하나에 맞추어져 있었다. 일제 식민지 집단을 조국의 땅에서 몰아내는 것이었다.

그 성분과 노선을 따져 분류하면 주로 국내에서 독립활동을 벌인 인사와 해외에서 독립항쟁을 벌인 인사로 나눌 수 있고 중국 국민당 또는 미국의 힘을 빌려 독립을 쟁취하려는 인사와 중국 공산당 또는 소련 볼셰비키 정권의 도움을 받아 민족해방을 이룩하려는 인사도 있다.

그동안 남쪽에서는 좌파로 불리는 인사의 행적과 노선을 외면해 왔다. 하지만 민주화를 이룩한 시기 이후에 이들에 대한 자료를 수집하고 연구가 이루어져서 소개 글이 많이 나돌았다. 곧 김원봉, 이화림, 이동휘, 홍범도 그리고 이회영(아나키스트) 등을 말한다. 그들도 분명 조국독립을 위해 투쟁해 왔는데도 소외를 시켜온 것이다.

현재 일부 인사들은 역대 독재정권을 옹호하면서 김구, 안중근, 김원봉 등 무장투쟁세력을 '테러리스트'라고 매도하고 있다. 일제 군국주의자들의 폭압에 맞선 이들을 일개 폭력배로 매도하는 것이 바른 역사의식인가?

임진강가의 서실에서

이이화 쓰다

1부

칼에는 칼로 맞서라

안중근/　　홍범도/　　신돌석/　　허 위/　　김좌진/

오늘 국내 국외를 막론하고 한국인들은 남녀노소 할 것 없이 총을 메고 칼을 차고 일제히 의거를 일으켜 이기고 지는 것과 잘 싸우고 못 싸우고는 돌아볼 것 없이 통쾌한 싸움 한바탕으로써 천하 후세의 부끄러운 웃음거리는 면해야 할 것입니다. 만일 이같이 애써 싸우기만 하면 세계열강의 공론도 없지 않을 것이라 독립할 수 있는 희망도 있을 겁니다. (안중근)

안중근
항일 독립투사의 표상

민족의 이름으로

안중근安重根(1879~1910)은 실천적인 삶 속에서 민권의식에 철저했고 국가와 민족을 누구보다도 사랑했으며, 민족의 삶을 유린하고 평화를 깨는 무도한 자를 응징했다. 그는 우리 민족에게 하나의 신앙의 대상이 될 정도로 숭앙을 받고 있다. 그의 생애는 짧았으되 그의 정신은 영원히 전승될 것이다.

안중근은 교양 있는 양반지주의 아들로 태어났다. 그가 조용한 시대에 태어났더라면 평온한 삶을 누리고 살았을 것이다. 비록 조선시대에 소외받던 해서지방에서 태어났으나 그의 아버지는 남다른 집념의 소유자였으며, 새로이 사회가 분화하는 틈을 보고서 그의 앞날을 위해 유다른 관심을 기울였다.

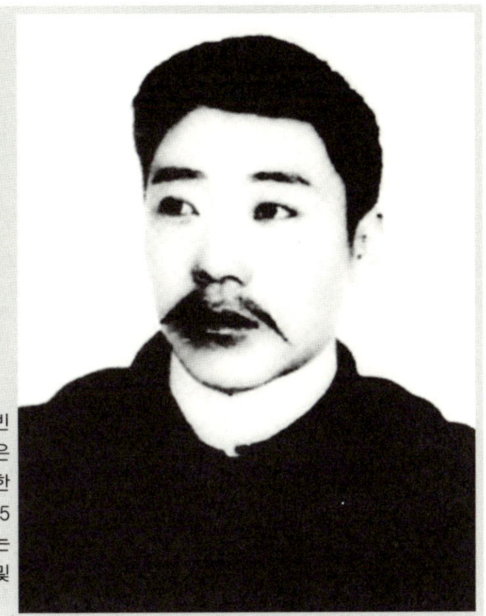

소년 안응칠安應七(아명)은 어릴 적 유교교육을 받았으나 차분한 학자적 기질을 지니지는 못한 듯하다. 안응칠은 고리타분한 경서에 빠지기보다는 골목대장노릇 하는 것을 더 신나했고 사냥에 재미를 붙이며 남아다운 기개를 과시했다. 그의 아버지 안태훈安泰勳은 봉건체제의 일원이 되기에는 근대 의식이 성장해 있었고 상당히 진보적인 성향을 지니고 있었다.

안태훈은 서울의 세도가를 기웃거리다가 결코 자신이 발붙일 곳이 아니라는 자각을 하게 된다. 그는 근대의식에 접근하는 탐색으로 개화에 관심을 돌리는데, 이것은 양반지주 가문의 대전환을 의미한다.

종교는 민족을 품어야 한다

1894년 반봉건 반침략의 기치를 내걸고 동학농민전쟁이 일어나자 안태훈은 새로운 은거지인 신천 청계동을 중심으로 반농민군활동에 나선다. 이것은 어찌 보면 모순된 행동인 것 같지만 반개화를 지향하는 농민군을 반역사세력으로 이해한 데에서 나온 것이다. 이때 16세의 소년 안응칠도 그 대열에 끼어 활동했다. 이것은 물론 아버지의 활동 탓이다.

그때를 전후해서 그는 서양의 역사를 읽고 서양의 민권사상에 젖었으며 이를 기저로 민족주의적인 애국사상을 지니게 되었다. 골목대장이나 사냥꾼에서 개화청년으로 변신했던 것이요, 천주교도가 되어 성당에 드나들면서 서양 신부를 만나기도 했다. 그의 아버지는 농민군토벌에 나서 막대한 양곡을 노획했는데, 뒷날 이것이 관미官米라며 세도가 민영준이 변상을 요구했다. 안태훈은 관가의 손이 닿을 수 없는 천주교 교당으로 피신하여 신변보호를 받음과 동시에 양곡문제도 자연스럽게 해결했다.

이것을 '양대인자세洋大人籍勢'(서양 사람의 유세)라 하는데, 이때 안중근은 천주교의 실체를 보았다. 안태훈은 그 뒤 청계동에 성당을 세워 깊은 신앙심을 보였다. 비록 뒷날이기는 하나 청년 안중근도 국가대세를 위해 천주교의 민 주교閔主敎(프랑스인)라 불리는 뮤텔에게 대학설립을 건의했다. 뮤텔은 이 건의를 거절했다.

"만일 조선사람이 학문을 하게 되면 교인들 일에 좋지 않을 것이니 다시는 그런 논의를 꺼내지 마시오." 이 말에 안중근은 극도로 분개했다.

"천주교는 믿으나 외국인의 심성은 믿을 것이 못 된다." "앞으로 프랑스 종놈이 되어서는 안 된다"

안중근은 신부를 비난하고 그동안 해오던 프랑스말 공부를 중단했다.

안중근은 새 신앙관이 확립되면서 천주교를 통한 민권투쟁에도 눈을 뜨게 된다. 곧 황해도 천주교도를 중심으로 관리의 수탈과 탄압에 항거하거나 충돌하는 일들이 일어났는데 안중근은 "천주교의 민권투쟁 사례를 통해 정부를 개혁하고 당당한 문명독립국을 이룩하여 민권의 자유를 얻으려는 개혁의지를 뚜렷이 형성시킬 수 있다."(윤경로 『한국근대사의 기독교사적 이해』)라고 생각한 것이다.

이토 히로부미를 쏘다

이어 안중근은 을사조약이라는 나라의 비운을 겪게 된다. 이에 따라 그의 운동방향도 새로운 전환을 맞게 된다. 그는 국권회복운동을 구체화시켜 나간다. 그는 교육구국운동의 일환으로 두 곳의 학교를 설립하고자 했지만 앞에서 말한 대로 좌절할 수밖에 없었다. 일본에 진 국채國債(나라 빚) 갚는 일이 일단 예속을 벗어나는 길이라고 하여 국채보상운동이 일어났을 때는 여기에 적극 가담하기도 했다. 그러나 이런 온건한 노선이 현실적인 힘을 발휘하기에는 역부족이었다.

1907년 이른바 정미7조약으로 내정마저 넘어가자 그의 개인적 기개도 커다란 상처를 입게 된다. 그는 의병을 통한 무력투쟁 이외의 방법은 아무런 효과도 없다는 결론에 도달하게 된다. 안중근은 활동기지를 옮기는 최후의 방법을 강구해 북간도를 거쳐 블라디보스토크로 옮겨 갔다.

그는 이곳에서 의병의 연장선상에서 동지를 규합하고 무기를 확보하여 의병부대의 우군령장右軍領將이라는 직함을 갖고 국내 진공작전을 펼쳤다. 그의 부대는 국경의 경흥으로 진출했으나 일본군 척후병 네 명을 사살하는 전과에 그치고 흩어지고 말았다. 이때 그의 좌절감은 극도에 달했다. 그 책임을 전가하기에 앞서 심한 자책감에 빠졌다. 그에게 쏟아지는 비난과 불신도 감당하기 어려웠다.

안중근은 새로운 길을 모색해야 했다. 그 과정에서 나온 것이 당시 애국청년 사이에 유행하던 단지동맹斷指同盟 결성이다. 이동휘의 지도를 받으면서 안중근을 맹주로 하여 12명의 청년이 모여 왼쪽 무명지를 절단하고 독립항쟁을 벌이기로 맹세한 것이다. 이들은 집단적 항쟁이 아니라 개별적으로 상황에 따라 행동하기로 결의했다. 이러한 사실은 무명지가 끊어진 안중근의 손도장을 통해 선명히 접할 수 있다.

단지동맹의 약속에 따라 안중근은 순전히 개인적 조직력으로 이토 히로부미의 저격에 나서서 끝내 이를 성공시켰다. 1909년 10월 26일 하얼빈 정거장의 일대 저격사건은 우리 식민지역사의 앞날을 예고하는 것이었다. 그는 이토의 죄목을 15가지로 나누어 지적했는데, 그 중에 동양평화를 교란시킨 일과 일본 및 세계를 기만한 일이 들어 있다.

그는 천주교 신도로 한 개인을 살해하는 것이 교리에 어긋남을 누구보다 잘 알고 있었다. 그러나 그는 한 개인을 살해한 것이 아니라 남의 나라를 유린하고 동양평화를 깼으며 최소한 일본의 진보적 지식인과 세계의 민권운동가를 기만한 장본인을 응징하고 경종을 울리기 위한 것임을 천명했다.

이토는 한국을 침략하여 5조약과 7조약을 강제로 맺은 다음 정권을 손아귀에 쥐고서 황제를 폐하고 군대를 해산하고 철도, 광산, 산림, 천택川澤을 빼앗았으며 관청으로 쓰던 집과 민간의 큰 집들을 병참이라는 핑계로 모조리 빼앗고 기름진 전답과 오랜 묘소들도 군용지라는 푯말을 꽂고……

안중근은 침략의 죄상을 낱낱이 들면서 대한민국의 의병참모중군의 자격으로 전쟁을 수행한 것이라고 주장했다. 따라서 만국공법에 따라 전쟁포로로 대우해줄 것을 요구했다. 여기에서 그의 깊은 사려와 논리의 정당성을 발견하게 된다.

그의 독립사상과 침략배척의 논리를 요약해보자.

첫째는 독립전쟁론이다. 이것은 의병항쟁과 연결된다. 의병에 대한 그의 인식은 근왕병적 성격에서 벗어나 있다고 학자들은 평가한다. 그는 철저하지는 못한 것 같으나 민족의식과 민권의식을 이면에 깐 일종의 민중의병론의 성격을 품고 있다. 그는 이토 살해가 '산하 삼천리 삼천만 동포를 위한 희생'이라고 했다. 그는 민영환의 순국은 충신의 명예를 얻기 위해 죽는 것이어서 국가에 무익한 행동이었다는 견해를 보인다.

한편 계몽운동 또는 교육운동은 자칫 역량의 분산을 가져오기 쉬우므로 종합적이고 효과적인 운동이 필요하다고 했다. 이런 바탕에서 독립전쟁론의 기초가 이루어졌다. 그는 이렇게 말한다.

오늘 국내 국외를 막론하고 한국인들은 남녀노소 할 것 없이 총을 메고 칼을 차고 일제히 의거를 일으켜 이기고 지는 것과 잘 싸우고 못 싸우고는 돌아볼 것 없이 통쾌한 싸움 한바탕으로써 천하 후세의 부끄러운 웃음거리는 면해야 할 것입니다. 만일 이같이 애써 싸우기만 하면 세계열강의 공론도 없지 않을 것이라 독립할 수 있는 희망도 있을 겁니다.

이는 소박한 논리로 치부될 수도 있으나 기회론과 함께 세계의 지원을 기대하는 자력 근거를 제시한 것이기도 하다. 이것이 바로 그가 러시아망명 이후에 보여준 행동의 귀결이었다.

둘째, 동양평화론이다. 그는 이토를 죽인 것도 동양평화를 위한 일련의 일 중의 하나라고 말한다.

동양은 일본을 맹주로 하여 조선과 청국이 서로 협조하면서 평화를 유지해야 한다. 따라서 일본의 조선 병합은 이를 깨는 것이다. 서방동점西方東漸의 기운 속에서 동양평화를 유지하며 이에 공동대처하여 황인黃人의 단결을 도모해야 한다고 강조했다. 여기에서 '일본을 맹주로 한다'고 일본의 실체를 인정한 것이 특이하고, 또 서구 제국주의의 실상을 파악하고 있다는 점이 돋보인다.

그는 일본이 동양평화를 깬 탓으로 러시아와 청나라 양국이 일본을 향해 다시 싸우려는 형세가 있는 것은 당연한 일이요, 미국도 일본의 발호를 탐탁하게 여기지 않는다는 데까지 이어간다. 그는 분명한 자기논리로 무장되어 있었다. 그는 결코 테러리스트가 아니었다.

안중근은 한국 청년의 표상이니 만큼 오늘날 좀더 그에 대한 종합적 연구와 선양사업이 이루어져야 할 것이다. 안중근은 지금도 남산 중턱에서 서울을 바라보면서 자주국가를 세우라고 외치는 듯이 굽어보고 있으며 일본인 가운데 존경해 마지않는 인사들이 많다. 헛된 애국자의 이름을 얻는 것으로 끝난 것이 아니었다.

홍범도
만주 항일투쟁의 주역

의병이나 독립군이 일제와 무력항쟁을 벌일 적에 가장 절실하게 소망했던 것은 '교전당사국의 인정'이었다. 우리나라는 일제와 싸움 한번 해보지 못하고 나라의 주권을 넘겨주었다. 전쟁도 발국의 선전포고도 없었던 것이요, 의병이나 독립군은 일본 국내법에 의해 폭도로 다루어졌다.

의병과 독립군은 포로문제 등 국제법이 규정한 최소한의 보호를 열망했다. 이리하여 교전당사국으로 인정해 줄 것을 국제적으로 호소했으나 '국내에서 일정 기간 일정 지역을 점령하여 전쟁을 수행'하는 등의 요건을 들어 번번이 거절당해 왔다.

이런 현실에서 홍범도洪範圖(1868~1943)의 활동상은 바로 교전

홍범도 그는 평생 선비들이 쓰는 별호를 지어 부르게 하지 않았는데, 민중은 그의 별명을 비장군(飛將軍, 용맹한 장수 또는 명장에게 붙이는 별명)이라 붙여 불렀다. 민중은 그를 친근한 벗으로 여겼던 것이다.

당사국 인정에 하나의 사례로 제시되었을 정도로 계기적繼起的이었고, 의병에서 곧바로 독립군이 된 케이스라는 의의를 갖는다. 그의 군사활동은 우리의 의병, 독립군 할 것 없이 가장 장기간에 걸쳐 가장 큰 전과를 올린 경우에 해당된다. 홍범도는 봉오동과 어랑촌의 항일전쟁에서 일대 승리를 거둬 민족사의 영웅으로 부상했다.

홍범도의 태생 배경과 소년시절의 내력은 그동안 여러 설이 얽혀 정확하게 알려져 있지 않았다. 이에 다시 한번 정리해본다.(강용권·김석 공저의 『홍범도장군』에 의거, 연변인민출판사)

그의 출생지는 평양 서문 안에 있는 문렬사 부근으로 밝혀져 있다. 그의 아버지 홍윤식은 가난하기 짝이 없는 농민이었다. 홍윤식의 증조부는 평안도 용강군 화장동에 살았는데 '홍경래난'을 이끈 저 유명한 홍경래와 가까운 일가붙이여서 홍경래의 거사가 실패한 뒤 평양으로 도망쳐 와 살았다. 그의 아버지는 어린 나이에 남의 집 머슴살이를 했고 그의 어머니는 고아로 외가에서 자라다가 혼인을 했다.

홍범도가 태어날 때 영양실조에 걸린 그의 어머니는 산고로 죽었다. 그의 아버지는 심봉사처럼 어린애를 안고 집집을 다니면서 동네 젖을 먹여 키웠다. 그가 아홉 살 때 그의 아버지마저 죽었다. 그는 가난한 숙부 집에서 자랐으며 조금 커서는 떠돌이 생활을 하다가 머슴살이를 했다.

그의 나이 15세 때 임오군란이 일어났다. 조정에서는 평양에 지역방위군인 진위대를 설치했다. 군졸을 모집할 때 17세 이상이라는 규정을 두었는데 그는 두 살을 속이고 지원해 합격했다. 그는 진위대 우영右營에 배치되어 취호수吹號手(나팔수)로 3년 동안 복무하다가 탈출했다. 군인생활이 너무 단조로워 권태를 이길 수 없었고, 새로운 세계를 개척하려는 꿈을 떨쳐버릴 수 없어서 도망쳐 나온 것이다.

그 뒤 황해도 수안군 수구면의 조지청造紙廳에서 일꾼 노릇을 했다. 그런데 그 주인은 임금을 제때에 주지 않고 종처럼 혹사시켰다. 화가 난 그는 주인을 단숨에 때려눕히고 3년 만에 다시 도망쳐 나왔다. 그는 강원도 고성군 외금강에 있는 신계사를 찾아갔다. 이 절에서 머리를 깎고 계를 받아 중이 되었다. 그로서는 어쩔 수 없는 선택이었다.

그렇게 지내던 중 그에게 새로운 전기가 찾아왔다. 이 절에 있으면서 신충사에 있는 비구니 이옥녀와 열애를 한 끝에 임신을 시킨 것이다. 그는 이 처녀와 해로하기로 결심하고 함께 처가가 있는 함경도 북청을 향해 떠났다. 그런데 원산에 이르러 이옥녀를 탈취당하고 말았다.

원한을 품고 다시 유랑생활을 하던 중 하루는 강원도 희양군 덕패장터에서 예사롭지 않은 사냥꾼을 만났다. 그는 사냥꾼을 따라 밀림으로 들어가 창법과 검법을 익혔다. 그는 태백산 밀림에서 수렵생활로 나날을 보내면서 담력을 키웠고 호랑이를 잡는 따위 무술을 익혔다.

그가 수렵생활을 하는 사이, 1894년 동학농민전쟁이 발발했고 청일전쟁도 일어났다. 그는 산중생활을 청산하고 일본 타도에 앞장서기로 작정했다. 홍범도는 늙어서 옛 일을 회고하면서 "일찍이 갑오년 농민이 폐정개혁과 외세척결을 기치로 기의起義할 때 나는 처음으로 반일 반봉건 의식이 싹터 여기에 뛰어들기로 했다"고 말했다.(위 『홍범도장군』에 나옴) 그는 동학농민전쟁을 주도한 전봉준이 잡혀 처형되었다는 소문을 듣고 분기가 일어났다고 했다. 다음 해 민비 살해사건의 소식을 듣고는 반드시 복수를 하겠다고 결심했다.

마침내 의병장이 되어

1895년 8월, 홍범도는 길을 가는 도중 황해도 서흥에 사는 김수협을 만났다. 두 사람은 의병을 일으켜 일본군을 몰아내자는 데 뜻을 맞추었다. 무엇보다 무기를 확보하는 일이 급선무였다. 두 사람은 철령을 근거지로 삼기로 합의했다. 철령은 원산에서 서울로 가려면 꼭 거쳐야 하는 통로였다. 때를 기다리던 두 사람은 일본군 1천여 명이 올라오는 모습을 보고 포수차림으로 뛰어나가 그들 앞에서 달아나는 시늉을 했다. 동정을 엿보려는 시험이었다.

다음에는 일본군 12명이 올라오는 모습을 포착했다. 두 사람이 맹렬히 사격을 해 대자 그들은 장총과 배낭을 내버리고 달아났다. 이때 처음으로 일본군의 장총과 탄약무기를 탈취했다. 무기를 안변군의 마을로 옮긴 이들은 의병 40여 명을 모집했다. 두 사람은 의병 지원자들에게 한 달 동안 군사훈련을 시키며 병법을 가르쳤다. 홍범도는 누구보다도 이들을 열심히 훈련시키고 전술을 가르쳤다.

홍범도는 한문학당에 다닌 적이 없었다. 겨우 조선문(한글)을 통했다. 하지만 아는 것이 많았고 지혜가 출중하여 특히 병법의 사람 부리는 법에 정통했다.

『홍범도일지』

두 사람은 의병을 거느리고 안변 석왕사를 거쳐 철원 보개산으로 진출했다. 마침 그곳에서 남쪽에서 올라온 유인석 의병부대 100여 명을 만났다. 여기에서 일본군에 맞서 전투를 벌였으나 완전 실패했다. 의병들은 모조리 무기를 버리고 달아났고 김수협이 전사하고 말았다. 첫 번째 맛본 패배였다.

몸을 피한 홍범도는 황해도 연안의 한 금광으로 피신했다. 그는 금광에서 일을 하던 중 일본군 기병 3명을 때려눕히고 탄약 300발과 양곡 등을 탈취했다. 그는 이 물건을 강원도 덕원의 한 절간에 보관했다.

홍범도는 덕원읍에 탐관오리인 좌수 전성준이 살고 있다는 말을 듣고 달려가 일본돈 8,480원을 빼앗고 그를 끌어내 교외에서 처단했다. 또 평안도 양덕으로 도피한 뒤 일본인, 친일파, 부정한 벼슬아치와 부호를 찾아내 처단하고 재산을 빼앗아 나누어 주었다. 이렇게 3년 동안 단독으로 활동을 했다. 말하자면 녹림호한綠林好漢의 유협생활遊俠生活을 한 것이다.

그가 북청으로 와서 수렵으로 나날을 보내고 있을 때 우연히 이옥녀를 다시 만나게 되었다. 헤어진 지 7년 만에 상봉한 것이다. 이옥녀는 그의 7세 된 아들을 기르고 있었다. 그는 7년 동안의 떠돌이생활을 끝내고 가정을 꾸려 7년 동안 살면서 둘째 아들도 두었다. 그는 이 7년을 회고하면서 가장 안정되고 평온한 생활을 누렸다고 했다. 이때 그는 화전과 사냥으로 생계를 꾸리면서 명포수로 이름을 떨쳤다.

1904년 러일전쟁이 일어나자 반일투쟁의 물결이 크게 일었다.

홍범도는 포수조직인 엽인계獵人契의 대장인 포연대장捕捐隊長으로 추대되어, 포수에게 부과하는 세금문제로 함경감영에 끝까지 맞서 끝내 과중한 납세를 줄이는 데 성공했다. 포수의 우두머리가 되기까지 그는 이 땅의 하층민이 겪어야 할 모든 역정을 걸었으며, 하층민에게 가해지는 모든 압제와 굴레를 겪었다. 그는 이렇게 밑바닥을 살아가면서 천자문 한줄 배울 기회도 갖지 못했다.

다시 반일투쟁에 나서다

1905년 을사조약으로 의병이 일어나자 홍범도는 삼수, 갑산 등지에서 반일투쟁에 나섰다. 1907년에 들어 일제는 우리 민중의 무장항쟁을 억누르고자 '총포 및 화약류 단속법'을 공포했다. 일본의 국경수비대는 백두산 일대 포수들의 무기를 회수하거나 검거하기도 했다.

이해 11월, 홍범도는 태양욱太陽郁, 차도선車道善 등과 함께 의병부대를 조직하여 포수들을 집결시켰다. 이들은 후치령을 근거지로 하여 일본군 국경수비대를 공격하고 우편마차를 탈취하기도 했다. 또한 일본군을 유인하여 섬멸하기도 하고 군용화물차를 습격하기도 하면서 갑산, 혜산진, 삼수, 풍산 일대를 교란했다. 이렇게 해서 의병 1천여 명을 모아 군량도감 등 부대의 진용을 갖추고 격문 포고문을 돌리면서 약 3년 동안 게릴라 전법으로 37회의 전투를 벌였다. 의병들은 구식 군대를 영입하고 대포와 탄약을 자체 생산했다. 일제는 성진의 군대까지 동원했으나 맞대응하기가 어려워지자 회유와 귀순 공작을 폈다.

차도선이 귀순공작에 넘어가고 태양욱은 함정에 걸려 체포당하고 말았는데 일제는 끊임없이 홍범도의 귀순공작을 벌였다. 1908년에 들어 일본군 북청수비구 사령부는 홍범도 귀순공작의 한 방법으로 그의 가족을 잡아들였다. 일제는 이옥녀에게 귀순을 강요하고 남편에게 귀순을 권유하는 편지를 쓰라고 압박했으나 그녀는 입을 다물고 끝내 응하지 않다가 모진 고문을 받아 구류소에서 죽었다. 그의 큰아들 용범은 아버지를 따라 전투에 참여했다가 전사했으며, 그의 작은 아들 용환은 살인범으로 몰려 고문을 받은 뒤 폐병으로 연해주에서 죽었다. 그는 늦은 나이에 독신이 되었다.

홍범도는 극심한 가정의 비극을 겪으면서도 계속 반일투쟁의 고삐를 놓지 않았다. 그런데 그가 늘 고민한 것은 탄약을 공급할 수 없는 점이었다. 무기가 턱없이 부족했던 의병들은 강력한 일본군의 공격에 견디지 못하고 흩어져 갔다. 그는 청나라와 러시아의 탄약 지원교섭에 나서기로 했다. 그는 1908년 10월 동지 세 사람과 함께 압록강을 넘고 길림을 거쳐 연해주 블라디보스토크의 신한촌으로 들어갔다.

당시 연해주의 조건도 아주 불리하게 돌아갔다. 일본군은 러시아정부에 강력하게 항일의병을 저지해달라는 요구를 해왔고 러시아정부는 이 요구를 물리칠 힘이 없어 조선인들이 연해주에서 벌이는 의병활동을 막는 조치를 취했다. 일제 경찰은 홍범도가 삼수, 갑산 일대에서 사라지자 밀정을 풀어 그의 행방을 쫓은 끝에 연해주에 있음을 알아냈다. 그를 체포하려는 경찰이 연해주 일대에서 출몰했다.

홍범도는 연해주에서 군비를 마련할 수 없다고 판단하고 부하를 국내로 보내 모금했으나 곧 체포되고 말았다. 홍범도는 1909년 6월 무렵 다시 고국으로 돌아왔다. 그 소식을 듣고 다시 포수들이 모여들어 북청, 갑산, 혜산 일대에서 항일활동을 전개했다. 이 소식을 들은 유인석이 편지를 보내 격려하면서 역량을 키우라는 권고를 했다.

1910년 3월 무렵 홍범도는 정예부대를 조직, 장백현 일대에 근거지를 두고 둔전을 일구며 농사를 지어 군량미로 공급하기도 하면서 연해주, 만주 그리고 국내 의병들과의 연계를 모색했다. 그가 정예부대로 의병을 편성한 것은 무기 군량미 등 여러 조건을 따질 적에 현실에 합당한 것이었다. 그의 활동무대는 1919년 정식 독립군을 창건할 때까지 국경 일대에서 게릴라 전법으로 전개되었다. 일본군과 경찰 그리고 국경수비대는 끝내 그를 잡지 못했다.

봉오동전투의 대승리

1919년, 독립운동은 새로운 정세를 맞이했다. 국내의 3·1운동에 힘입어 각지에서 독립운동단체들이 재정비되거나 새로이 조직되었다. 북간도에서도 용정과 훈춘에서 만세시위가 일어나고 장백현에서는 천도교도들이 일본헌병대를 습격했다. 홍범도는 안도현 명월진에서 종래의 의병과 포수 4천여 명을 모아 대한독립군을 정식 창설하고 사령관으로 추대되었다. 홍범도는 이 독립군을 이끌고 혜산진과 갑산의 일본군을 습격했다. 이어 백두산에 근거지를 두고 두만강 연안인 자성, 강계, 만포진, 회령 등지에 있는 일분군영과 경찰관서를 공격했다. 이즈음에 와서는 병력이 2천여 명으로 늘어났다.

독립군은 예전과는 달리 대한독립군의 이름으로 고유문을 각지에 보내고 경찰과 보조원에 대의를 밝히는 글을 보내기도 했다. "전진한다 독립군, 용감히 앞으로 나간다. 희망찬 독립전쟁은 개시되었다……."로 시작하는 군가를 소리 높여 부르며 행진했다.

홍범도는 주변의 정세와 조건을 재빨리 간파했다. 그는 독군부督軍府의 독립군과 연합하여 북로 제1군사령부의 사령관이 되었다.

드디어 결정적인 시기가 왔다. 그동안 홍범도부대의 활약에 일본군의 자존심은 여지없이 짓밟혔다. 일본군은 대대병력으로 몇 차례 전투를 벌이고 나서 홍범도의 부대가 주둔하고 있는 봉오동(지금의 도문시 봉오동 저수지 골짜기)을 전면 공격했다. 당시 독립군은 400여 명, 일본군은 남양수비대 병력 등 300여 명이었다. 1920년 6월 7일 이 골짜기에서 네 시간에 걸친 치열한 전투 끝에 피가 냇물을 이룬 뒤에야 정적을 되찾았다.

결과는 홍범도군의 대승이었다. 적 사살 157명, 중상 200여 명의 전과를 올렸는데 아군은 불과 15~16명의 전사자만을 냈던 것이다. 일본군은 분기탱천했으나 섣불리 재공격에 나서지 못했다. 이것이 청산리-어랑촌漁浪村전투의 서막이다. 일본군은 새로운 음모를 꾸몄다.

홍범도는 봉오동전투 이후 변화되어가는 정세를 직감했고 새로운 국면에 대처하기 위해 김좌진, 안무, 최진동 등 군사지도자들과 합의하여 새로이 북로군정서 등과 합동작전을 펴기로 했다. 1920년 초기, 북로군정서에서는 노령으로 사람을 보내, 멘세비키 당국과 교섭하여 기관총 등 무기를 입수했다. 노령에서도 무기를 들여왔다. 북로군정서 사령관 김좌진, 독군부 사령관 홍범도는 일본군의 공격에 합동작전을 벌이기로 합의했다. 이때 홍범도는 직속부대 300명을 거느리고 있었다.

우리가 싸우는 건 저애들을 위해서지

일제의 음모는 이른바 훈춘사건으로 나타났다. 그들은 중국의 비적을 사주하여 훈춘시내를 약탈하도록 해놓고 이것을 조선 독립군의 소행으로 뒤집어씌웠다. 그들의 표현대로 만주 땅에서 활약하는 '불령不逞스러운 조선인'을 토벌하기 위해 출병하는 구실을 만든 것이다. 이것을 역사에서는 경신庚申(1920년) 대토벌작전이라고 한다.

홍범도는 연합전선을 형성한 뒤 백두산 언저리에 있는 화룡현의 명월구, 이도구, 삼도구 일대로 이동하여 일본영사관 분관을 습격하는 등 큰 활동을 전개하고 있었다. 이 시절의 홍범도에 대해 다음과 같은 목격담이 전해 온다.

경신년 7월 초순(음력) 어느 날 저녁 홍범도는 일을 다보고 우리 집 마당에 들어와 툇마루에 앉아 잠깐 쉬었다. 내가 방문을 빠끔히 열고 내다보자 홍범도는 나를 오라고 손짓했다. 내가 옆으로 가 앉으니 이름은 무엇이고 공부를 하느냐고 묻기도 했고 나의 청을 쾌히 들어주어 전투 이야기도 들려주었다. 이때 나의 또래들이 많이 모여와 울타리 밖에서 자기들도 함께 이야기를 듣게 해달라고 눈짓, 손짓을 했다. 홍범도의 호위병이 "너희들은 돌아가거라"고 하자 홍범도는 "그 애들을 들여놓아라. 우리가 잘살자고 피 흘려 싸우느냐? 다 저애들의 앞날을 위해서이지"라고 했다. 홍범도의 말이 떨어지기 바쁘게 애들은 환성을 울리며 뛰어들어와 함께 들었다. 홍범도는 로투구령을 넘다가 왜놈 수색대를 족치던 전투 이야기를 했는데 쑥대가 움직이는 곳을 겨누어 쏘기만 하면 한 놈씩 뻐드러지곤 했다고 신나게 말했다.

양환준의 기록.

연길 김택金澤 씨의 『청산리전투에서의 홍범도 장군의 주도적 역할』

이 기록은 그의 인간적 면모와 그의 활동상을 보여준다. 이때 독립군 총병력은 1,950명, 일본군 총병력은 7,000여 명이었다.

1920년 10월 21일, 백운평白雲坪전투를 시작으로 청산리와 어랑촌 일대에서 치열한 전투가 벌어졌다. 소수의 독립군은 뛰어난 전술로 무수한 화기를 지닌 일본군을 농락했다.

6일 간의 전투 끝에 일본군이 패주하고 말았는데 일본군의 피해는 연대장 1명, 대대장 2명을 포함, 전사자 1,254명이었으며 부상자를 합하면 인명피해가 3천여 명에 이르렀다. 독립군의 전사자는 200여명으로 집계되었다. 역사에서 말하는 청산리전투인데, 김좌진 장군이 주도한 것으로만 알려져 홍범도의 이름조차 거론되지 않은 적도 있었다.

그러나 근래 청산리전투에서 홍범도의 활동이 크게 부각되고 있으며 북만주에서 벌어진 반일무장투쟁에서 홍범도와 그가 이끄는 독립군이 주도적 역할을 했다는 평가가 활발하게 일어나고 있다. 그 뒤 이 독립군부대는 일제의 대공세를 피해 소련·만주 국경지대인 밀산현으로 이동했다. 이곳에서 새로이 단일조직인 대한독립군단이 결성되었을 적에 그는 김좌진과 함께 부총재를 맡았다.

영웅은 사라지지 않는다

일본군은 그 보복으로 북간도 일대의 우리 동포들을 마구 죽이고 마을을 불태워 초토로 만들었는데 이 경신대참변으로 3천 5백여 명의 동포가 참살을 당했으며 체포된 숫자는 5천여 명, 50

여 개 학교가 불에 타 사라졌다. 독립군은 그 근거지를 러시아 땅 흑하黑河(자유시)로 옮겼다. 당시 레닌의 적군은 한국독립군에 협조적이었으나 일본군이 침공해 와서 항의를 하자 태도가 달라졌다. 볼셰비키는 일본군이 철수조건으로 한국독립군의 해산을 요구조건으로 내걸자, 대한독립군단의 무장해제를 무조건 요구했다. 적군은 강제로 독립군의 무장을 해제하면서 반대하는 독립군을 공격해 사망자 46명 등의 피해를 냈다. 이로써 모든 꿈이 산산조각이 났다. 이때 내부의 갈등까지 유발되었는데 홍범도는 중립을 지켰고, 그 죄상을 가릴 적에 재판장의 일을 맡아 처리했다.

이렇게 해서 김좌진, 이청천 등은 다시 만주로 나왔고, 홍범도는 블라디보스토크 등지의 러시아 땅에 영영 주저앉았다. 그리고 레닌당 당원으로 레닌을 만나 지원을 요청하기도 하고 고려공산당에 가입하여 극동인민대표회의에 김규식, 여운형 등과 함께 한국대표로 참석하기도 했다.

1937년, 스탈린은 연해주 일대에 있는 조선인을 모두 카자흐스탄으로 강제 이주시켰다. 홍범도도 그곳으로 이주하여 소비에트 정보로부터 연금을 받으며 재혼한 아내와 함께 여생을 꾸려 나갔다. 그는 집단농장 관리인 일도 하고 극장의 경비원 일도 맡아 보면서 세월을 보냈다. 그는 유랑생활을 하면서 동포의 집에 유숙할 때 하루 이상을 머물지 않았다. 동포에게 폐를 끼치지 않으려는 배려 때문이라 한다. 노영웅은 이렇듯 초라한 만년을 보냈다.

그는 평생 선비들이 쓰는 별호를 짓지 않았는데 민중은 그의 별명을 비장군飛將軍(용맹한 장수 또는 명장에게 붙이는 별명)이라 불렀다. 호는 짓지 않았지만 민중은 그를 친근한 벗으로 여겼던 것이다.

그는 왜 만년에 만주에는 일본군이 진주해 있었으니 그렇다 치더라도 상해나 연안으로 나오지 않고 러시아 땅에서 안주했을까? 이 점이 수수께끼다. 그러나 그의 동상이 자유시에 세워져 있고 중국땅 봉오동과 어랑촌 일대에 그의 공적비를 세우는 운동이 일어나고 있으며 남쪽에서도 그의 독립투쟁사의 위치를 새삼 재발굴하려는 노력이 기울여지고 있다.

홍범도는 개인적 불행과 민족적 비극을 일치시켜 철저한 신념과 굳센 의지로 민족모순과 봉건모순을 체험적으로 터득하며 독립투쟁사에 가장 빛나는 성과를 올렸다.

그는 1943년 10월 중앙아시아의 크슬오르다에서 유명을 달리했는데 그의 묘 앞에 동상을 세우고 그 아래 사적을 기록해 두었다. 그곳의 고려인 동포들은 설날이나 기일에 어김없이 그의 묘소를 찾아 참배한다. 남쪽에서는 1962년 건국훈장 대통령장을 수여하여 기렸다.

신돌석
신출귀몰한 태백산 호랑이

우리 역사에서는 나라가 위태로울 때마다 무수한 의병들이 등장했다. 그 중에서도 신돌석申乭石(1878~1908)은 우뚝한 한 자리를 차지하고 있다. 보통 사람들은 신돌석을 상놈 출신으로 알고 있다. 원래 의병장 아래의 의병들은 대부분 농민이나 종이었다. 이들이 나라를 위해 목숨을 바쳐도 벼슬이나 돌비 하나 세워주지 않는 것이 왕조시대의 풍조이다.

그래도 상놈 출신이 의병장으로 활약하여 나라에 몸을 바쳤다면 더더욱 자랑스러운 일일 것이다. 그러나 그는 어디까지나 벼슬을 하지 않은 평민 집안 출신이다.

그는 평산 신씨로, 고려의 개국공신 신숭겸申崇謙의 후손이다.

이들 신씨는 조선왕조가 건국되자 소외되어 찬밥 신세가 되었다. 그리하여 신돌석의 7대조는 동해에 접한 영해寧海로 내려와 살게 되었다.

신돌석은 개항 뒤 나라가 어수선할 적에 영해부 복평리福坪里(지금의 영덕군 축산면 도곡동)에서 살림이 넉넉한 중농의 맏아들로 태어났다. 그의 아버지 신석주는 열심히 농사를 지어서 50석지기의 재산을 모은 것으로 알려졌다.

영해부는 어떤 곳인가? 바로 동해를 접한 경상도의 요충지이다. 이곳에는 늘 왜구들이 몰려와 약탈을 일삼았고 이곳 부사는 수탈을 일삼는 것으로 유명했다. 그가 태어나기 5~6년 전에는 저 유명한 이필제가 최시형과 함께 영해부 관아를 습격해서 부사를 죽이고 창고의 곡식을 백성들에게 나누어준 이른바 영해민란이 일어났다.

그가 태어나자 그의 아버지는 천한 이름을 아들에게 지어주어야 오래 산다는 속설에 따라 '돌석'이라는 이름을 붙였다. 그의 본이름은 태호泰浩이다. 돌석이라는 이름 탓으로 그가 상놈 또는 머슴 출신으로 알려지게 된 것이다. 그는 어릴 적부터 기골이 장대했고 특히 골목대장으로 활약이 눈부셨다. 그는 30여 리 떨어진 서당에 가서 글을 배우고 돌아오면 온 동네를 휘젓고 다녔다.

소년 돌석은 동네 아이들을 모아놓고 동구나무 밑에서 줄넘기, 뜀질하기 따위 연습을 시켰다. 놀이가 끝나고 집에 돌아올 때면 동네 가운데로 흐르는 작은 개울을 훌쩍 뛰어넘어 집 안으로 아버지 몰래 뛰어들어갔다.

그의 집은 결코 그에게 밥을 못 줄 형편은 아니었다. 그런데도 그는 남의 부엌을 뒤져 밥을 훔쳐 먹고 솥 안에 똥무더기를 싸놓기 일쑤였다. 그뿐이 아니다. 미나리꽝에 돌 던지기, 호박에 침 주기 따위의 장난을 서슴없이 했다. 이런 얘기는 그 동네 사는 노인들이 들려준 것이다.

그의 부모는 얼마나 속이 썩었을까? 동네 사람들도 혀를 내둘렀으리라. 그러면서도 글 읽기는 결코 남보다 뒤떨어지지 않았다. 열다섯 살쯤에는 축지법을 익혔다는 소문도 떠돌았다. 하루 몇 백 리를 거뜬히 걸어다니고 웬만한 작은 언덕은 훌훌 넘는 그를 두고 한 말일 것이다.

그가 아무 뜻없이 놀러다니기만 한 것은 아니다. 그는 이곳저곳 기웃거리며 여러 가지 이야기를 들으면서 세상을 익혔다. 어느 날 그는 평해의 월송정에 올라 시를 지었다.

다락에 오른 떠돌이 갈 길을 잊고
조국에 낙목이 가로놓임을 탄식하네
남아 십칠 세에 무슨 일 이루었던가?
잠시 가을바람 맞는 속에 감개가 우러나는구나

범상한 소년(청년 때 것인지도 모른다)이 아님을 알 수 있겠다. 어쨌든 나라는 소란스러웠다. 1894년 동학농민전쟁의 바람은 이곳에도 불어왔고, 곧이어 일본의 낭인들이 이 나라의 왕비를 궁중에서 살해하는 일까지 벌어졌다. 1895년의 해가 질 무렵 전국 각지에서 의병이 불꽃처럼 일어났다.

경상도와 강원도를 누빈 신출귀몰한 의병장

열아홉 살이 되던 해인 1896년 봄, 신돌석은 어릴 적 동무들과 커서 사귄 동지들을 규합했다. 그들은 최신식 무기를 가진 일본군을 습격하여 많은 공을 세웠다. 이런 전과로 하여 그는 자연스럽게 영해군 의병진義兵陣의 둘째 자리인 중군장中軍將이 되었다.
그러나 이 의병활동은 이 해가 저물 무렵 기세가 죽기 시작했다. 이때부터 그를 잡으려는 관군과 일군의 눈이 잠시도 멈추지 않았다. 그는 편한 잠을 잘 날이 거의 없었다. 조금의 낌새라도 있으면 옷을 홀랑 벗고 명주를 아랫도리에 친친 감고 그가 사는 동네에서 5리쯤 되는 고란으로 튀었다. 그 동네에 사는 노인은 "겁이 많기는 많았지"라고 말했다. 그러나 그런 것만은 아니었을 것이다. 특히 명주를 온몸에 감고 뛴 것은 편리한 점도 있지만 명주는 요긴하게 쓰일 수 있지 않겠는가?

그는 틈틈이 동지들을 찾아다녔다. 특히 문경의 이강년李康秊, 박상진朴尙鎭 등과 어울려 새로운 의병활동에 대해 의논했다. 이런 속에 청도지방을 지나다가 일군들이 전선 가설하는 꼴을 보고 공병 다섯 명을 때려눕히고 전선을 뽑아버리기도 했으며, 부산항으로 잠입하여 일본 배 한 척을 뒤집어엎기도 했다 한다. 일본군은 그를 잡으려고 혈안이 되었고 이때부터 그의 목에 많은 상금이 걸린 것으로 보인다.

1905년에 이른바 을사조약으로 이 나라의 외교권이 박탈되었다. 이것을 계기로 또다시 의병항쟁이 전국에서 일어났다. 그는 재산을 팔아 북평리의 동지들을 모으고 대장기를 앞세우고 일어났다. 그 대장기에는 '영릉의병장嶺陵義兵將'이라 씌어 있었다. 그의 막하에 모인 300여 명은 영해부에 주둔해 있는 일본군을 습격하여 전과를 올리고 이어 울진으로 짓쳐 올라가 바다에 떠 있는 일본 병선 아홉 척을 쳐부쉈다.

1907년 들어 그는 강원도에서 다시 경상도로 들어와 많은 의병을 모았다. 그의 휘하는 이제 3천여 명을 헤아리게 되었다. 신돌석의 용기와 전술과 담력이 이때 한껏 발휘되었다. 신돌석 의병부대는 밤낮을 가리지 않고 징과 꽹과리를 울리며 기습을 감행했다. 마침내 청송에 주둔해 있던 일본군은 퇴각하고 영양의 일본군과도 격전을 벌여 몰아냈다.

신돌석의 명성이 자자하자 구식군대 군인을 비롯해 각지에서 의병들이 모여들었다. 그의 부대는 신출귀몰했다. 진보를 거쳐 벌인 경주전투에서 총탄이 그의 엄지손가락을 관통했으나 그는 아무런 기색을 보이지 않고 항전하여 많은 적을 생포하기도 하고 사살하기도 했다. 그의 발길은 평해, 영해, 청송, 영덕, 영양, 진보 등 경상도 바닷가를 휩쓸었고 위로 강원도 일대에까지 뻗쳤다. 이 무렵 그에게 '태백산 호랑이'라는 별명이 붙었다.

1907년 겨울 전국의 의병들이 연합하여 서울로 진격했다. 그도 1천여 명을 거느리고 경상도 동해 일대의 의병대표로 이 전투에 참여했다. 그가 양주(지금의 구리시 언저리)에 도착해서 의병을 편성할 적에 13도 총대장으로 이인영李麟榮이 추대되었고 각지의 의병장으로 부대를 편성했다. 그런데 신돌석은 이 진용에서 빠져 있었다. 썩은 양반들이 평민 출신인 그를 의병장으로 삼을 수 없다고 제외시켰던 것이다.

도대체 일본과 맞서 나라를 찾자고 싸우는 판에 무슨 양반 평민의 구별이 있는가? 그는 깊은 한숨을 쉬며 고향으로 돌아왔다. 그렇다고 그의 구국항쟁의 기세가 꺾인 것은 아니었다.

민중의 영웅으로 영원히 살아남다

고향에 돌아온 그는 영해 일대를 해방지역으로 만들고 일월산, 백운산 일대를 거점으로 항전을 거듭했다. 그러나 일본군의 저항은 갈수록 치열해졌다. 추운 겨울이 닥쳐오자 의병들도 많이 흩어지고 군량미도 부족한 상태여서 더 지탱할 수가 없어 신돌석은 일단 의병을 해산하고 다음해 봄에 다시 기의起義하기로 했다. 1908년 겨울, 운명의 계절이었다.

그는 영덕 눌곡訥谷으로 옛 부하이자 고종사촌인 김상열(일명 김자성)을 찾아갔다. 그를 맞이한 김상열 형제는 음모를 꾸몄다. 신돌석의 시체를 일본군에 바쳐 상금을 타려는 속셈이었다. 그들은 얼굴에 반가운 기색을 띠고 독주를 만들어 신돌석 앞에 내놓았다. 추운 겨울, 신출귀몰의 장수는 말술을 들이켜고 깊은 잠에 빠져들었다.

김씨 형제는 도끼를 들고 그의 몸을 내리쳤다. 아무리 역발산의 장수라도 이런 상황을 어찌 견딜 수 있겠는가? 이때의 일을 두고서 대체로 두 가지 말이 전해진다. 도끼를 맞은 신돌석이 바깥으로 뛰어나가 산 속으로 사라졌다고도 하고, 머리가 방안 대들보에 붙었다가 떨어졌다고도 한다.

신돌석은 무수한 일화를 남겼고 전설 같은 얘기들을 심어놓았다. 이런 것은 그를 기리는 민중들의 동경의 표현이자 그를 영웅으로 받들려는 의지의 소산일 것이다.

김상열 형제는 그의 시체(또는 머리)를 떠메고 일본군대로 갔다.

그리고 '신돌석의 머리'라며 상금을 달라고 했다. 그런데 일본 군대의 장교는 "사로잡아 오라고 했지 죽이라고 했느냐"며 불호령을 내리고 이들을 쫓아보냈다. 민중의 영웅인 신돌석을 죽였다고 상금을 주는 것이 그들 일본군으로서는 하나도 이로울 것이 없었을 것이다. 그들도 내심으로는 동족으로서 영웅 신돌석을 죽인 것을 경멸했을 것이다. 이들 형제는 받지도 못할 상금에 눈이 어두워 역사의 죄인이 된 것이다.

오래 전 태백산맥을 돌아 일월산으로 가서 그의 유적을 찾아보았다. 그러나 일월산에는 돌비 하나 없었고 그의 유적은 흔적조차 찾아볼 수 없었다. 영덕 읍내에 그의 유적비가 하나 세워져 있고, 그가 살던 마을 앞에 그의 동생이 세운 유허비 하나가 덩그렇게 서 있다. 그가 태어난 도곡리를 찾아들자, 그의 생가도 헐어 없애버렸고 그가 올라가 놀던 동구나무도 없어졌다.

이 마을에 신씨들이 10여 집 살았는데 일제시대에 모진 고초를 받았으며, 이 마을 사람들 역시 많은 고난을 겪었다 한다. 그런데도 뒷사람들의 푸대접이 너무 심했다. 다만 그의 얘기가 먼 태곳적 전설처럼 민중들의 가슴 속에 담겨 있을 뿐이다.

1993년 정부는 그의 공적을 기려 건국훈장을 수여하고 국립묘지에 안장했다. 1995년에는 그의 생가를 복원해 유품을 전시하고 추모공원을 만들어 그의 정신을 기리고 있다. 뒤늦게야 선양 사업을 벌인 것이다.

허위
항일의병의 상징

포의를 떨치고 일어나다

　19세기 말기 국권이 침탈당할 때 전국적으로 의병항쟁이 치열하게 전개되었다. 1894년 동학농민전쟁의 반침략·반봉건 노선은 의병들의 활동으로 이어졌다. 특히 을사조약과 한일병합의 중간시점인 1907~8년 이른바 정미7조약을 통해 내정을 앗아갈 때 이런 노선이 극명하게 드러나고 있었다. 이때 의병들이 추구한 반침략의 구체적 대상은 일본이었고, 반봉건의 내용은 토지문서의 소각, 조세의 거부 등으로 나타났다.

　이 시기에 출신성분으로나 활동범위로나 지향점을 따져 볼 때 중심역할을 한 인물이 허위許蔿(1855~1908)이다. 허위는 단순히 무력항쟁의 수단인 의병활동만을 추구한 것이 아니라 외교적 노력과 중국 진보세력의 지원을 모색했고 의병대열에서 신분타파 등을 추구하여 역량의 결집을 꾀했다. 그는 의병장을 대표할 만한 리더십을 지니고 있었던 것이다.

허위는 경북 선산 구미 출신의 유림 관료로, 호는 왕산旺山이다. 그의 집안은 대대로 김해에 살다가 증조부 때에 구미로 옮겨왔다. 그의 선조들은 유림으로 행세했다. 특히 그의 큰형인 방산舫山 허훈許薰은 경상도 일대에서 유림의 태두로 이름이 높았다. 허위는 6남매의 막내로 태어나 큰형에게서 학문을 익혔고 이웃 고을의 성리학자인 이진상李震相의 강의를 들으면서 유림의 소양을 쌓아나갔다. 그는 집안에 가득한 책 속에 파묻혀 고전을 탐독했는데 그 가운데는 『육도삼략』과 같은 병서도 들어 있었다.

그는 30대에 들어서부터 별도의 문호門戶를 세워 제자를 키우고 동지를 규합했다. 그러면서 선비로서 가져야 할 바른 태도를 보여 주었다. 그는 시대조류에 맞게 여느 유림과는 달리 신분차별을 철폐했으며, 특히 양반 신분을 뽐내며 교만을 떠는 자들에게 "너는 양반으로 사람의 도리를 다하고 있느냐. 양반은 먼저 사람이 되어야 한다. 못된 양반은 사람이라 할 수 없다"고 가르쳤다. 이런 탓으로 일부 양반과 유림들은 그를 경원했으나 그에 대한 평민·상민들의 인망은 날로 높아갔다.

끝내 그가 포의布衣를 떨치고 일어나는 날이 닥쳐왔다. 1895년 민비 살해와 단발령으로 일제와 그 하수인이 된 개화정부를 향해 민심이 들끓기 시작했다. 곧이어 전국에서 유림 중심의 의병이 일어났다. 허위는 동지요, 제자들인 이은찬李殷贊, 조동호趙東

鎬, 이기하李基夏 등과 연합하여 김천 장날을 이용하여 장정 수백 명을 모집하고 금산(김천의 옛 지명) 관아의 무기고를 접수하여 금산과 성주 사이에 포진했다.

그는 격문을 각 고을에 보내 궐기를 촉구했다. 관군은 성주 의병진을 습격하여 이은찬, 조동호를 체포했다. 그는 의병 대오를 정비하고 충청도 진천 땅으로 진격해 올라갔다. 이에 개화정부는 급히 왕의 이름으로 의병을 해산하라는 전지를 내려보냈다. 근왕적勤王的 의식을 떨치지 못한 그는 갈등을 겪으면서 의병 대오를 해산시키고 맏형이 우거해 있는 진보眞寶 홍구로 몸을 피했다.

일제를 규탄하는 관리

1898년에 들어 새로운 정세가 전개 되었다. 일본세력이 잠시 꺾이고 러시아 세력이 등장하는 속에서 대한 제국이 성립되었다. 독립협회 인사들은 만민공동회 등의 집회를 벌이며 시민운동을 전개하고 있었다.

허위 그는 처절한 국권회복 활동을 벌이면서 새로운 시대 조류와 민족의식을 보여준 빛나는 존재였다.

고종은 널리 인재를 등용하면서 허위를 불렀다. 유림인 허위는 조정에 불려나와 참봉에 임명되었고 계속 평리원판사, 의정부참찬, 비서원승秘書院丞 등으로 승진했다.

벼슬살이를 하면서 그는 두 가지 모습을 드러냈다. 하나는 사림 출신 관료로서 정직, 청백함을 보여준 것이다. 그는 내정의 쇄신을 위해 상소운동을 벌였는데, 이때 뒷날 커다란 분란을 일으킬 꼬투리를 만들어 내기도 했다. 경상도 칠곡의 지주 장승원張升遠이 경상도관찰사의 천망薦望에 올랐는데 그 인물됨을 잘 아는 허위가 의정부참찬으로 있으면서 막으려 했다. 그러자 장승원은 허위에게 20만 원을 의연義捐하겠다고 제의했다. 20만 원은 관찰사를 사는 정도의 값이었는데, 이것을 그는 뒷날 공적인 일에 사용키로 한 것이다. 뒤에 그의 제자로 광복단 총사령인 박상진朴尙鎭이 독립 군자금으로 쓰기 위해 이 20만원을 받아내려고 장승원을 찾아갔다가 장승원이 돈을 주지 않고 일제 당국에 고발하려는 낌새를 보이자 암살했다. 이 사건으로 박상진 등 독립 지사들이 잡혀 처형당하는 등 큰 분란을 일으켰다. 장승원은 뒷날 경상도의 유명한 친일파 장길상張吉相과 장직상張稷相의 아버지이다.

또 다른 하나는 관리로서 일제세력에 맞선 것이다. 일제는 차츰 러시아 세력을 견제하며 국정을 더욱 간섭해 왔다. 그는 독일로 건너가 국제 여론을 환기시켜 일본을 억제하려는 계획을 세웠다가 뜻을 이루지 못하고 일제의 만행을 열거한 격문을 살포했다. 그는 현직관리로서 이런 운동을 벌이다가 최익현崔益鉉, 김

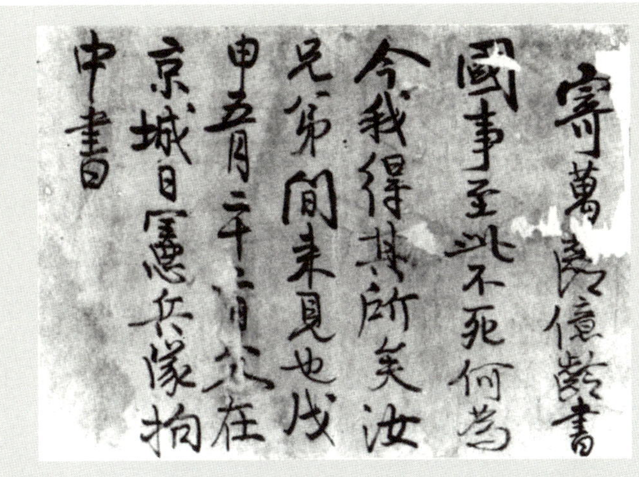

허위의 친필 글씨 일본 헌병대에 구금되어 있을 때 쓴 것이다.

학진金鶴鎭 등과 함께 체포되었고 4개월 동안 감옥에 갇혔다가 풀려났다. 그는 관직생활 7년 만에 다시 야인으로 돌아가 고향에서 가까운 지례 삼도봉 밑 두대동으로 들어가 은거했다.

그렇지만 나라 돌아가는 꼴이 그를 산속에 조용히 묻어두지 않았다. 을사조약으로 외교권을 빼앗기자 그는 경기, 강원도를 돌아다니며 동지를 규합했다. 의기만 가지고는 승리할 수 없다고 판단한 허위는 돈 2만 냥을 주선하여 동지인 정환직鄭煥直에게 주어 상해에서 신식 무기를 사오게 했다.

일제의 침략은 더욱 구체화되어 헤이그사건을 빌미로 고종을 퇴위시키고 이른바 정미7조약을 맺어 내정까지 빼앗아갔다. 허위는 분연히 다시 의병을 규합하여 경기, 강원도를 중심으로 포

진하고 해산당한 강화영江華營의 군사들을 규합했다. 그리고 민
긍호閔肯鎬, 이강년李康秊 부대와 긴밀한 연락을 취하며 경기도 포
천을 중심으로 연계작전을 펴며 일본군과 전투를 벌였다.

신분을 따지지 않는 의병대장

　허위의병부대는 책임자가 유림관료 출신이지만 신분을 따지
지 않은 탓으로 평민과 농민이 그 중심을 이루었고, 또 전투경험
과 훈련이 잘 되어 있는 구식 군인들이 중간지휘자 역할을 했다.
　이즈음 각지의 의병부대는 전국적 연합체를 모색하는 한편 대
한관동의병장 이인영 명의로 두 종류의 격문을 보냈다. 하나는
서울에 일부 남아 있는 외국 영사관이나 거류민에게 그들 본국
에 전달해 달라는 격문으로, 일본의 불법만행을 규탄하며 한국
의 사정을 설명하고 의병부대는 국권을 찾기 위한 애국단체이니
만국공법(국제법)으로 보장된 교전단체로 인정하여 정의와 인도
를 주장하는 여러 나라의 성원을 바란다는 내용이었다.
　이처럼 초기 의병과는 달리 의병들의 의식세계는 변화를 보여
주고 있었다. 곧 단순한 무력항쟁만이 아니라 국제여론을 환기
시키고 해외동포의 조력을 얻으려는 운동의 단계적 발전을 보여
준 것이다. 전국의 의병들은 경기도 양주(현재의 구리시)에 모여 새
로이 전국적 부서를 정해 13도총대장에 이인영, 군사장에 허위
를 뽑고 각 지역의 의병대장을 정했다. 의병 1만 명이 모여서 서

울진공계획을 세우고 그 선발대 300여 명을 허위가 인솔하여 출발했다.

이 의병부대가 청량리 부근에 이르렀을 때 일군의 공격을 받고 흩어졌으며 약속된 후속부대가 도착하지 않아 서울진공계획은 실패로 끝났다. 그는 양주 본진으로 후퇴했는데 이때 총대장인 이인영은 부친 사망 소식을 듣고 그 복상을 위해 지휘권을 허위에게 넘겨주고 고향 문경으로 돌아갔다.

허위는 의병부대를 재정비했다. 엄격한 군율을 정해 무기를 제조하고 물품을 공급받을 적에는 군표를 발행했다. 의병들을 소단위의 유격부대로 편성하여 장기 게릴라전 태세를 취했다.

한편 허위는 제자 경현수慶賢秀를 시켜 청국 혁명당에 밀서를 보내 연합을 모색하고, 박노천朴魯天을 시켜 30조로 된 기본요구조건을 조선통감부에 보냈는데 황제의 복위와 외교권의 반환 및 통감부의 철거 등이 들어 있었다.

이렇게 여러 각도에서 노력을 기울이며 임진강을 중심으로 게릴라활동을 벌였다. 일본측에서는 이렇게 기록하고 있다.

누차 통고를 발하여 납세 또는 미곡반출의 정지를 명하고 군자양식을 징발하며 한인 순사나 헌병 보조원에게 협박장을 보내고 통신선로의 저해, 관공서의 습격 등 도량跳梁이 심했다.

「조선폭도토대지朝鮮暴徒討代誌」

허위는 영평의 산속에서 잡혀 서대문감옥에 수감되었다가 이

감옥이 생긴 이래 의병장으로서는 최초로 그곳에서 순국했다. 그는 첫 의병봉기 때부터 일어나 계속 활동을 했고 뒤에는 총대장이 되었으므로 대표적인 의병장으로 꼽을 수 있다. 그는 유림 관료 출신의 의병장이면서도, 초기 유인석이 의병부대를 편성하면서 지휘자 임명에 신분차별을 하거나 동학농민군을 가려내 처단한 사례, 또 후기 이인영이 봉건적 효의식으로 의병활동을 중단한 사례와는 달리 계급문제를 뛰어넘어 의병의 일체감을 조성했다. 그는 단순한 무력항쟁만이 아니라 국내 또는 각 지역 각 계층의 연합전선, 국외로는 진보와 양심세력의 지원을 끊임없이 모색했다.

그는 처절한 국권회복 활동을 벌이면서 새로운 시대조류와 민족의식을 보여준 빛나는 존재였다.

김좌진
청산리전투의 큰 별

조국 독립의 길을 찾아 만주로

김좌진金佐鎭(1889~1930)의 이름을 듣는 사람은 우선 청산리전투를 지휘한 '장군'이라고 연상하게 될 것이다. 그는 분명히 만주 일대에서 홍범도등과 함께 일본군과 맞서 싸워 승리를 장식한 독립투사의 한 사람이다. 많은 사람들이 나라의 독립을 찾기 위해 때로는 외교로, 때로는 실력배양으로, 때로는 파괴와 암살로 투쟁을 벌였는데, 그는 당당히 군사로 맞서 전투를 벌인 투사였던 것이다.

그가 부하에게 암살을 당했다는 사실을 두고 많은 사람은 안타까워하면서도 그 궁금증을 금할 수가 없었다. 그러니 그의 죽음에 대한 궁금증을 풀어보는 것도 뜻이 있을 것이다.

그는 안동 김씨인 김형규金衡圭의 차남으로 태어났다. 김형규는 홍성 일대에서 이름을 떨치던 부자였다. 그는 2천 석의 추수를 하고 종 30여 명을 거느린 지주였다. 그가 살고 있는 공주, 홍성 등지는 안동 김씨들이 많이 사는 집성촌이었다. 김형규와 10촌이 되는 김옥균이 서울의 이름있는 안동 김씨의 양자로 들어갔을 적에는 정치권력과도 가까운 듯했고 김옥균이 끝내 역적으로 몰려 죽을 적에는 집안에 어두운 그림자가 드리워지기도 했지만, 비교적 이런 고비를 무사히 넘기고 부호로서 어렵지 않게 살고 있었다.

그러나 김좌진이 열 살 적에 그의 아버지가 죽었다. 김좌진은 홀어머니 밑에서 자라면서 서당을 다니며 글을 익혔다. 그러나 그는 어릴 적부터 하라는 공부보다는 무협소설을 열심히 탐독했고, 병정놀이에 정신을 팔았다. 글을 조금 익혀서는 『육도삼략』 같은 병서를 읽는 데에만 열중했다.

그의 어머니의 남다른 부탁을 받은 서당 선생은 그의 행동을 못마땅해 했다. 김좌진이 서당에 다닐 적인 1896년 어느 날, 김석범金錫範이라는 청년이 고향마을에 찾아왔다. 김석범은 개화 청년으로 정부의 단발령이 내려지자, 머리를 깎아 하이칼라를 하고 고향을 찾아왔다. 시골에서는 하나의 구경거리가 될 만했다.

소년 김좌진은 청년 김석범으로부터 일본이 나라를 그르치고 있다는 이야기, 서울에는 친일파들이 날뛴다는 사정, 나라를 구하기 위해서는 독립운동을 해야 한다는 얘기 따위를 들었다. 소년 김좌진은 가슴이 뛰었고 무엇인가 자신도 이런 일을 해야겠

다고 느꼈다. 그는 어릴 때부터 귀가 따갑도록 조상인 김상용 할아버지가 병자호란 때 강화도에서 오랑캐 놈들에게 핍박을 받다가 치욕을 못 이겨 자살한 영웅담과 나라를 구제하려다가 역적으로 몰려 죽은 김옥균의 일들을 들어온 터가 아닌가?

열여섯 살이 되던 해, 그는 살림을 떠맡은 가장이 되었다. 아버지가 없는 가정에 그의 형이 큰집의 양자로 나가 어린 그가 집안 살림을 떠맡은 것이다. 이때 김좌진은 소작인들에게 토지를 나누어 주고 종들을 풀어 주었으며, 더군다나 재산을 털어 고향 마을에 호명학교湖明學校를 설립했다. 그는 김석범을 통해 나라 사랑하는 길을 배웠고 이를 실천에 옮겨 열아홉 살까지 이렇게 지냈다. 조금 과장된 이야기도 섞여 있겠으나 통이 큰 청년의 기질을 보여 주는 행동이다.

1905년, 을사조약으로 일본은 이 나라의 외교권을 박탈해 빈껍데기로 만들었다. 청년 김좌진은 분연히 서울로 뛰어올라왔다. 그는 노백린盧伯麟, 안창호安昌浩 등 독립지사를 만나 『한성신보』의 간부로 활약하기도 하고 청년학우회의 일을 보기도 하면서 종로 관철동에 이창양행怡昌洋行이라는 상점을 차렸다.

이 상점은 말할 것도 없이 독립지사들의 아지트가 되었고 이 상점에서 얻은 돈은 독립자금으로 나갔으며, 이 상점의 골방은 독립지사들의 연락장소가 되었다. 그는 틈틈이 무기구입 자금을 얻기 위해 전국을 돌아다녔다.

그 목표액 10만 원 중에 부족한 5만 원을 채우려고 일가인 김종근을 찾아갔다. 부호인 김종근은 군자금을 내기는커녕, 오히려 그를 위험한 인물로 따돌렸다. 그는 김종근을 위협하여 군자금을 받아내려다가 강도미수죄로 일본 경찰에 체포되었다. 스물세 살의 김좌진은 이때 처음 서대문형무소에 2년 가량 갇히는 몸이 되었다.

감옥에서 나온 뒤 일제경찰은 그를 요시찰 인물로 지목해 일동일정을 따라다니며 살폈으나 그는 아랑곳하지 않고 더욱 항일운동에 열을 올렸다. 경찰은 걸핏하면 그를 잡아갔다. 어느 날 그는 경찰에 쫓기는 몸이 되었다. 골목을 누비고 담을 넘던 그는 계동의 어느 자그마한 기생집(궁녀 출신이라고도 함) 안방으로 숨어들었다. 그 집의 젊은 여주인은 경찰이 가택수색을 할 적에 그를 잘 숨겨주었다. 그 뒤 그는 이 집에 머물면서 경찰의 눈을 피했다.

이렇게 여러 날 지내는 동안, 그 집 주인 계월桂月은 그가 무슨 일을 하다가 쫓기는 몸이 되었는지를 알았다. 그녀는 김좌진의 훤칠하고 씩씩한 용모와 건장한 남성미에 반했던 것 같다. 아무튼 두 남녀는 정분이 맺어졌는데, 뒤에 이 사랑얘기가 사람들의 입에 오르내렸고, 그 결실로 바로 '두한斗漢'이라는 아들을 두게 되었던 것이다.

그러나 사랑놀이에만 빠져 있을 수는 없어 스물아홉 살의 열혈청년 김좌진은 계동을 빠져나와 매서운 겨울바람을 헤치며 북만주로 망명의 길을 떠났다. 나라를 잃고 허허벌판 만주에서 조국광복의 꿈을 이루기 위해 더욱 고되고 더욱 바쁘게 움직였다. 그는 이곳에서 독립운동단체인 군정사軍政司에 가입, 서일, 여준, 유동열 등과 함께 독립선언서를 발표했다. 김규식, 나중소, 이범석 등과 함께 군대를 개편하여 북로군정서北路軍政署를 조직해 총사령관에 취임하고, 군사학교를 설립하여 독립군 양성에 힘을 쏟았다.

청산리대첩의 빛나는 승리

북만주의 한국 독립군 양성을 일제 군부가 눈감고 넘길 리가 없었다. 일본군은 독립군 토벌작전계획을 세웠다. 이 첩보는 독립군에 정확하게 날아들었다. 독립군은 국내에서 3·1운동이 일어나고 따라서 국내의 지원도 그 전보다 훨씬 많아지고 있는 현실에서 사기가 고양되고 훈련도 원활하게 이루어지고 있는 상황이었다.

일본군대는 먼저 두만강을 넘어와 도문 봉오동(당시는 화룡현) 골짜기에 주둔한 홍범도 부대를 공격했다가 커다란 손실을 입었다. 그 뒤 홍범도 부대는 백두산 밑 어랑촌으로 이동했다. 한편 김좌진이 이끄는 독립군도 행동을 같이하여 길림성 산악지대인 백두산 청산리에 도착했다. 일본군의 포위망은 점점 압축되고 있었다. 독립군은 이곳 백운평 숲 속에서 숨을 죽이고 적의 접근을 기다렸다. 일본군은 협곡으로 기어들고 있었다. 이때 권총소리를 신호로 독립군은 일제히 포화를 퍼부어댔다. 갑자기 습격을 당한 일본군은 처음에는 응전했지만 세에 밀려 후퇴하면서 수많은 사상자를 냈다. 독립군은 허기진 배를 움켜잡고 일본군 전위부대를 여지없이 물리친 뒤 이동해 천수평泉水坪에 주둔한 일본군과 맞붙었다. 이때에도 큰 승리를 거두었다.

반대 방향인 어랑촌 전방에서는 독립군이 일본군 3개 여단에게 포위되어 공격을 받고 있다가 홍범도 부대의 지원에 힘입어 공동으로 일본군을 격파했다. 만 4일 동안 10여 차례의 접전을 벌인 끝에 독립군 희생자는 100여 명에 달했지만 일본군 2천여 명을 살상했다. 독립군은 낡은 무기뿐이었고 숫자도 일본군의 10분의 1 정도의 열세였지만 일본군 사단병력의 주력부대를 여지없이 격파한 것이다.

이 전투는 홍범도 부대와 함께 연합전선을 편 것으로, '청산리

대첩'이라는 이름으로 독립투쟁사에서 빛을 내고 있는 것이다. 사실 청산리에서만 전투를 벌인 것이 아니어서 이 이름이 정확하다고 할 수는 없다. 이 전투에서 적의 총탄이 날아와 김좌진의 전투모를 날려버렸다고 한다. 그 총알이 몇 센티미터만 아래로 날아왔다면 그의 목숨은 어떻게 되었을까? 김좌진은 그때 마침 흙이 패인 곳에 서 있었다고 한다.

김좌진은 독립군을 재정비한 뒤 백두산 밀림지대로 이동하여 일본군의 보복전에 대비했다. 아니나 다를까, 다음해인 1921년 봄에 들어, 일본군은 대대적인 보복작전을 펼쳤다. 독립군은 열악한 조건에서 일단 맞서 싸우기보다 후퇴를 해 다음 기회를 기다리는 수밖에 없었다.

부하의 총탄에 쓰러지다

독립군 연합부대는 러시아령 연해주 밀림지대로 이동했는데, 일본군과 비밀타협을 본 혁명 러시아의 지방군대는 독립군을 여러 구실을 붙여 탄압했다. 끝내 본의 아니게 독립군 일부 병력이 러시아군과 전투를 벌이는 바람에 다시 쫓기는 처지가 되었다. 나라를 잃은 독립군의 피맺힌 서러움이었다. 김좌진은 흑하사변 黑河事變이라고 불리는 이런 고난을 당한 뒤 천신만고 끝에 다시 만주로 돌아왔다.

만주로 돌아온 김좌진은 망명지에서 장녀를 잃는 슬픔을 겪기도 했지만, 군사학교를 세워 다시 독립군 양성에 주력하고 분열되어 있는 독립단체를 규합하는 데 노력을 기울였다.

그는 상해 임시정부로부터 군무총장과 국무위원에 임명되기도 했지만 모두 사양하고 만주의 동포들을 묶는 일에만 열중했다. 그는 이윽고 한족연합회韓族聯合會를 조직해 그 주석에 취임하면서 동포의 자치운동에 열중했다.

당시 만주 동포들 사이에는 분열의 조짐이 있었고, 독립노선에도 많은 이견을 보이고 있었다. 이때 그는 영안현 산시역 부근에 정미소를 차려 생계를 해결하고 독립자금을 염출했다. 그는 장구한 계획을 세워 독립투쟁을 해나가려 했지만 젊은 청년들 사이에는 그의 미온적인 노선을 탐탁하게 여기지 않는 분위기도 깔려 있었다. 특히 그에게는 자금을 유용한다거니 일제와 타협(간첩설도 있음)하고 있다는 소문이 떠돌고 있었다. 떠도는 말에 따르면 청산리전투에서 전장터가 아닌 산 위에 올라가 가족을 데리고 구경했다는 말도 있고, 일본 밀정과 만나 밀담을 나누었다는 소문이 떠돌았다 한다.

1930년, 정미소로 두 한인 청년이 찾아왔다. 과거의 부하였던 두 청년은 그에게 권총을 쏘았다. 독립운동의 최전선에서 활약했던 지도자가 마흔두 살 장년의 나이로 옛 부하에게 암살을 당하는 비극이 벌어진 것이다. 이 암살사건은 독립투쟁 노선에서 빚어진 이견과 오해에서 저질러졌으며, 이는 동포의 분열상을 보여주는 것이기도 하다.

김좌진은 망명지에서 비극적 종말을 마쳤고, 만주의 동포들은 큰 지도자를 잃는 슬픔을 겪었다. 후미진 갈뫼마을에서 출발한 그의 장정은 먼 이국땅에서 끝이 났다. 그를 기리는 돌비가 독립기념관에 모습을 나타냈고, 그의 생가가 복원되고 그의 유품도 전시되어 우리에게 가르침을 주고 있다.

2부

나라 잃은 백성을 깨우치고

이상재 / 신규식 / 장지필 / 안재홍 / 방정환 /

학도야 학도야 청년학도야, 나라의 기초는 우리 학도님, 충군신 애국성을 잊지 맙시오. 활발히 경주하여 전진함에, 허다사업을 감당할려이면, 신체의 건장함이 청백이로다. 천지도 명랑하고 평원광야에, 태극기 높이 달고 운동하여 보자. (신규식)

이상재
타협을 거부한 민족독립운동가

나라의 실상에 눈 뜨다

충청도 서천의 한산 땅에는 월남月南 이상재李商在(1850~1927)의 생가가 잘 보존되어 있고 유물관도 세워져 있다. 그의 생가를 보면 그저 먹고 살 만한 중농의 집 규모임을 알 수 있다. 이런 시골 구석에서 한 거인이 태어났던 것이다. 그가 태어날 당시 농촌 출신으로서 출세하는 길은 과거에 합격하는 것이었다. 그는 어릴 적부터 과거공부에 열중했고 남달리 총명함을 인정받아 주위 사람들의 촉망을 받았다.

소년 이상재는 여느 경우처럼 열다섯 살에 결혼했으며, 과거공부를 게을리하지 않았다. 드디어 때가 왔다. 1867년, 열여덟 살의 청년 이상재는 괴나리봇짐을 지고 청운의 꿈을 품고 서울

로 향했다. 실질적인 집권자 홍선대원군이 문벌정치를 몰아내고 정치개혁을 단행하던 시기였다. 그러나 지난 해 평양에서 벌어진 셔먼호사건으로 미국의 침략이 있을 것이라고 하여 민심이 흉흉했고, 경복궁 중건으로 국가 재정이 흔들리고 있었다.

과거시험은 여전히 부정이 판을 치고 있었다. 과거는 실력이 모자라는 문벌 자제들이 가문의 힘으로 급제하여 관계로 진출하는 발판이 되어 있었다. 문벌 배경이 없는 시골청년 이상재가 과거에 낙방했음은 말할 나위도 없다.

그는 낙방한 뒤 이 집 저 집 줄을 찾아 식객 노릇을 하며 지냈다. 이때 남달리 가까이 지내던 친구가 있는데, 노론 계열의 명

문대가 출신의 신진 관료 박정양朴定陽이었다. 박정양은 이상재
보다 아홉 살이 많았고 당시 벼슬자리에 나와 있었으니 선배와
다름없었다. 이상재는 박정양의 집에 기거하면서 13년 동안 겸
인傔人(서기나 비서)노릇을 했다.

그동안 그는 나라 돌아가는 꼴을 예의 주시했다. 당시 척사파
와 개화파가 등장하여 현실관을 두고 대립하고 있었고, 연이은
일본의 강요로 개항을 하게 되었으며, 흥선대원군을 밀어내고
권력을 잡은 민씨들은 노골적으로 탐학과 부정을 저지르고 있었
다. 청년 이상재는 이런 현실을 목도하면서 나름대로 바쁜 나날
을 보냈다. 그의 능력을 보여 줄 기회는 왔다.

신사유람단 단원으로 일본 시찰

1881년 조정에서는 일본의 개화문물을 익히기 위해 청년들을
신사유람단이라는 이름으로 일본에 파견했다. 이 시찰단은 12개
조로 구성되었는데 개별 조마다 조장 1명과 수행원·하인·통역
등이 딸렸다. 총인원 61명으로 이루어진 거대한 시찰단이었다.
조장은 홍영식, 어윤중, 박정양, 조병직, 민종묵 등 중간 벼슬아
치들이었다. 수행원은 유길준, 윤치호, 그리고 막후에 참모관의
이름으로 개화승 이동인이 동참했다.

그는 조장 박정양의 추천으로 수행원이 되어 여기에 끼게 되
었다. 그는 사인士人 신분이었다. 그 당시로 보면 꽤 화려한 멤버

였는데 '이상재'의 이름이 올랐던 것이다. 일행은 2개월 보름 동안 일본의 문물제도를 시찰하고 돌아왔다. 박정양조는 내무성, 농상무성 등을 돌아보았고, 전체가 모여 이토 히로부미 등 요인들을 수시로 만나 대화를 나누었다. 사찰단원들은 전후 4개월 동안 같이 지내며 이런저런 시국 얘기도 하고 친목을 다졌다. 이때 이상재는 국제정세와 일본의 사정만을 살핀 것이 아니라 많은 동지를 사귀었던 것이다. 이제 그는 시골 무지렁이가 아니었고 우리나라를 끼고 돌아가는 국제정세와 서양문물에 대한 이해도 넓어졌다. 그는 곧바로 개화파의 일원으로 활약하게 되었다.

1884년 최초로 우정국이 창설되어 신사유람단의 멤버인 개화파 홍영식이 그 총판이 되자 그를 주사로 임명하여 인천우체국에 근무하게 했다. 그러나 그가 채 근무도 시작하기 전에 갑신정변이 일어나 개화파는 떼죽음을 당했고, 일부는 일본으로 망명했다. 그는 이 일에 직접 가담하지 않아 혐의가 없었으나 분연히 처음으로 얻은 관직을 내버리고 고향으로 돌아왔다.

1887년 개화파가 다시 정계에 진출하여 박정양이 주미공사가 되었다. 이때 그는 참찬관 이완용 밑의 서기관으로서 박정양을 수행했다. 청국의 주미공사는 조선이 자기네 속국이라며 국서봉정國書奉呈을 방해하고 나섰다. 하지만 이들 일행은 미국 외교관인 헤레이스 알렌의 주선으로 클리블랜드 대통령에게 어렵게 국서를 전달했다. 청국 공사가 계속 방해하고 나서자 그는 박정양의 입장을 살려 병을 핑계대고 나오지 못하게 하고, 그가 대신 활동을 했다. 사실 박정양은 게으르고 무능하기로 평판이 나 있었다.

게다가 통역을 맡은 이채연은 영어를 거의 할 줄 몰랐고 중개를 맡은 알렌은 한국어를 떠듬거리는 수준이어서 의사 소통도 거의 이루어지지 않았다. 이상재는 "미국 반벙어리와 조선 반벙어리가 적당히 얼버무려서 의사를 소통했다"고 회고했다. 외교라기보다 세월을 보내며 노닥거리는 생활이었다. 박정양이 청국의 입김으로 파면이 되어 10개월 만에 돌아올 때 그도 귀국했다.

미국에서 돌아온 그는 아버지의 초상을 만났다. 그가 아버지의 삼년상을 마치던 해인 1894년 개화정권이 수립되었다. 내무대신이 된 박정양의 추천으로 그는 학부 참사관, 의정부 총무국장 등을 역임했다. 그는 중견 관리로 점점 관료생활에 빠지는 듯했지만 성실하게 공무를 수행하면서 정상배들과 곳곳에서 마찰을 빚었다. 그는 러시아와 일본이 각축을 벌이는 가운데 간교한 민비가 살해되고 고집쟁이 흥선대원군이 부침하는 과정을 똑똑히 지켜보았다. 그는 분연히 관직생활을 청산하고 새로운 변신을 시도했다.

독립협회의 실세

한글신문인 『독립신문』은 1896년 4월에 창간되어 정부의 기관지가 되었다. 그 3개월쯤 뒤인 7월에 독립협회 창립총회를 열고 독립협회가 발족되었다. 『독립신문』은 독립협회의 기관지 노릇을 하게 되었다. 이렇게 보면 대한제국 정부와 독립협회는 자매와 같은 처지였다.

독립협회에는 안경수, 이완용, 김가진 등 정부 대신들이 참여하여 기금을 냈고 재야인사라 할 서재필, 이상재, 오세창 등이 실무원으로 참여했으니 민간 사회단체라 볼 수 있다. 독립협회는 관민 합동으로 새로운 운동을 벌였다. 처음에는 독립문을 건립하고 독립공원 조성을 도모하는 등 사회개량운동에 초점이 맞추어졌으나 차츰 러시아 배격, 자주권 회복, 정부정책 비판과 대신들의 비리 척결 등을 내세워 정부 대신들이 물러나는 사태를 맞이했다.

초기 1년 동안 34회에 걸쳐 독립협회에서 벌인 토론회에는 500여 명이 모였다. 후기에는 종로에서 벌인 만민공동회에 낮은 벼슬아치, 신지식인, 시민, 학생 등이 참여하여 1만여 명이 참여한 경우도 있다. 이에 힘입어 독립협회는 1898년 후반기부터 정치활동 중심으로 전환했던 것이다. 이 시기 총대위원인 이승만, 장붕 등이 참여하여 급진적으로 활동을 이끌었다. 이들은 요구한 일이 관철되지 않으면 황제가 있는 경운궁 앞에서 시위와 철야농성을 벌이기도 했다.

초기 이완용, 서재필, 윤치호 등 진보세력들은 독립협회를 결성하고 만민공동회를 통해 독립과 자주를 고취하는 운동을 했다. 그도 이 운동에 과감히 뛰어들었다. 그의 나이도 어느덧 쉰을 바라보고 있었다. 후기에 들어서 이상재는 윤치호 회장 밑에서 부회장을 맡았다. 이상재는 고종을 직접 만나 건의서를 전달하기도 하고 시위대를 이끌기도 했다.

한편 독립협회 간부들을 두고 황제를 몰아내고 공화제를 제정하여 새 정부를 만들고 박정양을 대통령으로 내세운다는 소문이 나돌았다. 모략이었지만 고종의 불신은 커져 갔다. 수구파 정부의 요청으로 경무청에서는 이상재, 남궁억 등 17명을 잡아들였다. 군중들이 경무청 앞으로 몰려가서 연좌시위를 벌이자 정부는 할 수 없이 17명 전원을 석방했다. 이때 정부의 사주를 받은 황국협회 깡패들이 몰려와 군중들을 방해했으며 군인과 순검들은 그 깡패들을 보호했다.

이승만을 중심으로 한 강경파는 무장대를 조직해 대항했다. 하지만 이상재는 온건파로 무력충돌을 견제하려 했다. 정부는 친위대를 동원해 광화문 집회를 총칼로 막았다. 윤치호는 만민공동회의 자진 해산을 선언했다. 중추원도 모든 민회를 해산한다고 결의했다. 독립협회는 3년, 만민공동회는 1년 동안 활동을 벌인 끝에 막을 내렸다. 이상재는 만민공동회의 사회를 보기도 하고 한글신문인『독립신문』에 글을 쓰며 신문화운동 또는 민권 자주운동에 앞장섰다.

사학자 문일평文─平은 "독립협회에는 세 거두가 있으니 서재필, 윤치호, 이상재이다. 서씨를 창설자라고 한다면 윤씨는 계승자요 이씨는 그 확대자이다"라고 썼다. 후기의 독립협회운동은 실제로 이상재가 이끌었던 것이다.

이상재는 1898년 처음 경무청에 잡혀간 뒤부터 감옥 문을 들락날락했다. 그 뒤에도 정부를 전복하려는 음모에 가담했다고 하여 수구파들에 의해 3년 동안 감옥살이를 했는데 계속해서 체포 구금되기 일쑤였다.

일제에 대한 비타협노선

나라가 완전히 일제 식민지배로 들어가자 그는 기독교운동을
통해 독립심 고취에 나섰다. 그는 1903년 감옥에 있을 때 처음
기독교 신자가 되었다. 그는 미국생활 때에도 기독교에 들지 않
았는데 이때에야 기독교 신앙생활을 시작한 것이다. 능숙하지는
않았으나 영어를 조금 알았으니 선교사들과 접촉하는 데 도움이
되었을 것이다.

1908년 그는 황성기독교청년회의 선교사 겸 교육부장의 일을
맡아보았다. 그는 청년들의 지도와 교육에 전념하면서 일본·중
국으로까지 활동을 넓혔다. 일제 당국은 황성기독교청년회를 해
산시키려는 공작을 꾸몄다. 일제는 그에게 5만 원을 주겠으니
고향에 돌아가 편안히 지내라고 회유했다. 어림없는 짓거리였다.

"이 돈으로 땅을 사라니 나더러 죽으란 말이지. 나는 타고나기
를 편안히 일생을 마치지 못하게 되어 있다."

그는 과감히 유혹을 뿌리치고 줄기차게 독립운동에 매진했다.
신간회 회장으로 독립지사들의 연합전선에 나서고, 조선일보사
사장으로 언론활동을 벌였다. 여러 단체가 연합해 신간회를 발
족했을 때 그는 회장을 맡아보았다. 그는 무수한 연설을 통해 독
립운동을 고취시켰고 숱한 일화를 뿌렸다. 이 시기 그는 우파 민

족주의자로 좌파들을 제거하는 일에 앞장서기도 하고 전국기자대회를 열어 총독부를 향해 언론의 신장을 외치기도 했다.

그런데 한 가지 의문이 있다. 3·1운동 때 그의 역할에 의문을 던지는 역사학자들이 있다. 그는 민족대표 33인에 끼지 않았고 3·1운동이 한창일 때도 별달리 한 일이 없었다. 다만 일제경찰에 한때 구금되었다가 풀려났다고 한다. 그의 온건노선 탓일까?

일제는 합병 직전 조선미술협회를 조직하고 그 창립식에 이상재를 초대했다. 그 자리에는 통감 이토 히로부미도 있었고 친일파 이완용, 송병준도 초대되었다. 이완용과는 미국공사관 시절 상사로 받들어 한때 친밀하게 지내던 사이였다. 이상재가 어떻게 이런 자리에 나왔는지는 잘 모르겠다. 그곳에서 이완용, 송병준을 바라보며 말을 건넸다.

"대감들은 동경으로 이사가시지요."

"그게 무슨 말이오?"

"대감들은 망하게 하는 데는 천재니까 동경에 가면 일본이 망할 것 아니오?"

그들은 얼굴이 새파랗게 질릴 수밖에 없었다.

또 어느 날 강연장에서 그는 불쑥 "개나리가 많이 피었구나"라고 말했다. 그때 순사를 '나리'라고 불렀으니 '개 같은 순사들이 강연장에 들어와 있다'는 뜻이 아닌가? 이렇듯 그는 유머 감각이 뛰어나 곧잘 사람들을 웃겼다.

그의 집은 서울 재동에 있었는데 삼간집이었다. 그가 죽자 당시 서울의 지사들은 그의 장례를 사회장으로 모셨다. 그는 민족

독립운동가로 추앙을 받은 것이다. 때로 그가 지나치게 온건하게 행동했다는 평가도 있다. 그러나 그는 개화파 동료들이 대부분 친일파로 돌아설 때에도 꿋꿋한 지조를 지켰고, 끝까지 타협을 거부하며 살았다.

한용운은 그의 사회장 위원명단에 자신의 이름이 들어 있는 것을 알고 단숨에 달려가 철필로 자신의 이름을 북북 그어댔다고 한다. 이는 그 운동기질의 차이에서 나온 행동일 수도 있고, 3·1운동 시기에 남모르는 곡절이 있을지도 모를 일이다. 불승인 한용운이 기독교도인 이상재를 미워한 것이 아니라 그의 타협적인 온건 노선이 마음에 들지 않았을 수도 있다.

해방 뒤 그의 30주기를 맞이해 청년시절 그의 감화를 받았던 박종화는 그를 추모하는 시를 지었다.

해지고 어두운 거리 우리들 청년의 갈길
험악도 했어라 모두 다 헤맸네
호걸은 망명하고 지도자 없었네
이 중에 선생은 우리들의 등불
나라의 청년들 의지하던 곳
오직 당신만이 높고 높은 태산의 준령이셨네

신규식
임시정부의 주춧돌

의분에 찬 청년장교

몽둥이를 내리칠 적마다 쾅쾅 소리가 났다. 솟을대문이 부서질 듯이 흔들렸다. 어느 청년장교가 미친 듯이 몽둥이로 대문을 후려치고 있었다. 이 집을 엄중히 경계하던 하인배들은 겁먹은 눈망울을 굴리며 바깥 동정을 살필 뿐, 감히 누구도 문을 열고 나가 이 청년장교의 행패를 말리려 들지 못했다.

"쾅, 쾅, 쾅쾅."

을사 5적의 하나인 어느 대신 집이었다.

발길을 돌린 이 청년장교는 초겨울 세찬 바람을 안고 흙먼지를 뒤집어쓴 채, 이 골목 저 골목을 미친 사람처럼 뛰어다녔다. 그는 고래고래 소리를 지르기도 하고, 노래를 부르기도 하고, 때

로는 참나무몽둥이로 누굴 치는 시늉도 했다.

해가 인왕산 마루를 빗겨 넘어가자, 이 청년장교는 계동 신석구申奭求(족증조[族曾祖]로서, 한말 비서승[秘書丞]을 지냈음) 집 대문 앞에 섰다. 또 한번 참나무 몽둥이가 이 집 대문 위에 떨어졌다. 누가 왔다는 것을 안 신석구의 아들 각휴珏休 소년이 쏜살같이 뛰어나가 문고리를 벗겼다(그는 평소에도 이 집을 방문할 때마다 자기의 내방을 이렇게 알렸다). 그러나 골목 어귀에서 통곡소리만 멀어져 갈 뿐, 이미 대문 앞에는 아무도 없었다.

첫번째 순국의 실패가 남긴 상처

이 청년장교는 육군 부위副尉 신규식申圭植(1879~1922)으로, 당시 나이는 스물여섯 살이었다. 진골(운니동) 그의 집(창덕궁 앞)에 당도했을 때는 이미 밤이 깊어서였다. 육군 정장은 먼지로 얼룩져 있었고, 얼굴과 등은 땀으로 젖어 있었다. 그의 어깨는 맥이 빠져 축 늘어져 있었다. 사랑채 거실로 들어선 규식 청년은 문고리를 걸고는 나무토막처럼 방 한가운데에 쓰러졌다.

1905년 11월 17일, 이토 히로부미가 외교권의 이양과 통감제를 골자로 한 이른바 을사조약을 강제 체결시키자 13도 유생은 조약철회를 상소했고, 장지연은 『황성신문』에 '시일야방성대곡是日也放聲大哭'이라는 논설을 피를 토하듯 썼다. 민영환, 조병세, 홍만식 등은 자결했다. 민심은 가마솥에 끓는 물이었다.

신규식은 잠시 향리에 내려가 그가 세운 덕남사숙德南私塾에서 어린이들을 가르치고 있다가 이 조약 체결의 소식을 들었다. 만강滿腔의 비분을 담고 한걸음에 상경한 신규식은 호랑이라도 잡을 듯이 거리를 미친 사람처럼 쏘다녔던 것이다. 한 칸 반짜리 거실에 몸을 누인 신규식은 얼빠진 사람에 지나지 않았다. 불을 뿜을 듯하던 두 눈은 초점을 잃었으며, 하늘을 뚫을 듯하던 기개는 한숨으로 뒤바뀌었다.

"여보게, 밥을 먹어야지, 먹어야 일을 하지 않겠는가?"

밤늦게까지 서모 이씨는 뒷마루에 밥상을 손수 놓고 성화를 댔다. 방 안에선 기침소리 하나 없이 조용하기만 했다. 간간이

가는 한숨소리만이 들릴 뿐이었다. 이튿날은 대소가의 어른들이 몰려들어서 문을 따라고 호통을 쳐보았지만 허사였다. 만 3일을 굶은 신규식의 가슴에 가득히 밀려드는 것은 암담이요 허무였다.

'죽자. 최선의 길은 단 하나, 죽음뿐이다.'

그는 결론을 내렸다. 그는 순국이 소극적인 행동이 아니라 적극적인 투쟁의 일환이라 생각한 것이다. '죽음은 거름의 역할을 하는 것. 내 한 몸이 거름이 되어 무수한 열매를 맺을 수 있다면'(『한국혼』).

생각이 이에 이르자 신규식은 벌떡 일어나서 감춰두었던 독약을 꺼내 조심스레 탁자 위에 놓았다. 그는 두 무릎을 꿇었다. 그는 나라를 구하지 못한 죄를 2천만 동포에게, 스스로 목숨을 끊는 죄를 부모에게 빌었다. 창살이 훤히 비치는 새벽, 스물여섯 살로서 세상을 하직하려는 신규식의 심정은 한 점 동요도 없이 잔잔했다.

무슨 불행한 일이라도 있을까 해서 며칠을 두고 꼬박 사랑채의 동정을 살피던 이씨는 심상치 않은 신음소리에 퍼뜩 잠을 깼다. 이씨는 사랑문 앞으로 달려가 귀를 기울였다. 인사불성이 된 신규식은 죽음 일보직전에 있었다. 문을 부수고 들어간 이씨가 연방 냉수를 입에 떠 넣고 있는 동안, 곧 양의가 달려와 겨우 목숨을 구할 수 있었다.

그러나 독약 기운은 오른쪽 눈의 시신경을 건드려 그를 애꾸로 만들었다. 기운을 차려 거울을 들여다보던 신규식은 자조의 웃음을 띠었다.

'애꾸, 그렇다. 이 애꾸눈으로 왜적을 흘겨보기로 하자. 어찌 나 한 사람만의 상처이겠는가. 이 민족의 비극의 상징이지 않은가.'

흘겨볼 예睨자, 볼 관觀자, 예관睨觀. 신규식은 예관으로 자호를 삼고 이 상처를 평생 기억하기로 했다.

신규식은 1879년 1월 13일, 서울에서 도사都事(후에 의관[議官]) 신용우申龍雨의 둘째 아들로 태어났다. 독자인 아버지 용우는 800석의 재산을 물려받은 토호이지만 인정 많기로 소문 나 있었다. 춘궁기가 되면 토광을 열어놓고 원근 빈민에게 볏말을 나누어 주는 인심좋은 부자였다. 용우의 전처 유씨는 아들 하나(정식 [廷植] 한말 덕천군수 등을 지냄)를 낳고 작고했다. 후처 최씨에게서 난 첫아들이 규식이었다.

신용우는 민족의식이 투철한 수구파였다. 남달리 감수성이 강한 소년 규식은 이런 환경에서 자라면서 조국에 대한 뜻을 품었다. 신규식은 1896년 열일곱 살 되던 해 봄에 조정완趙貞婉을 맞아 혼례를 올렸고, 3개월 후에는 신학문을 닦기 위해 상경하여 한양공업전습소에 입학했다.

이 해는 우리나라 근대사에서 가장 격동이 심한 해였다. 민비가 일인 낭인들에게 살해당한 을미사변에 자극된 지방 유림세력의 제1차 의병이 1월에 일어났고, 2월에는 각료 김홍집, 어윤중이 시위군중에게 피살되었으며, 고종황제의 아관파천이 있었다. 4월에는 서재필 등이 주도하는 독립협회가 창설되어 『독립신문』이 발간되는 등, 경향 각지에서는 외세에 항쟁하는 민족세력의 저항운동이 불길처럼 일어났다. 신규식은 이때 모종의 시위사건

(미확인)에 관련되어 학교에서 퇴학처분을 당했다.

1899년 그는 관립 한어漢語(중국어)학교에 들어가 3년 동안 본격적으로 신학문을 접하게 되었다. 이 학교에서도 학감 김규대金圭大의 부정을 보다 못해 동맹휴학을 주동했고, 그로 해서 퇴학을 당했다.

1901년, 그는 다시 육군무관학교에 입학했다. 이제 쓰러져 가는 나라를 팔짱 끼고 지켜보는 입장이 아니라, 행동의 대열에 참여한 것이다. 관리의 토색질을 글이나 말로만 듣는 것이 아니라 직접 눈으로 목격하게 되었고, 군부의 부패상을 피부로 접하게 된 것이다. 모두 친일세력인 교관들은 부패와 교만으로 가득 차 청년장교의 육성에는 관심도 없었다. 개혁의 여지는 한두 가지가 아니었다. 개혁의 의지는 일부 교관들과 생도 사이에서 무르익어 갔다.

어느 날 밤 동기생인 조성환이 신규식을 찾아왔다. 조성환은 동기생이지만 신규식보다는 네 살 위인 스물여섯이었다. 그는 서울 태생으로 성정이 괄괄한 열혈아였다. 두 사람이 사귄 지는 몇 달 되지 않으나 남달리 의기가 상통한 터였다. 두 사람은 외세를 막는 길은 내정개혁에 있다는 데 의견의 일치를 보았다. 그 중에서도 먼저 부패한 군부세력을 제거해야 한다고 생각했다.

이후 두 사람은 은밀히 동지 10여 명을 규합했다. 일차적으로 동맹수업거부를 하자는 계획뿐, 거사일자나 다른 구체적인 방법을 정하지도 않았을 때였다. 그런데 학교당국에서 주모자인 조성환을 체포했다. 동지 한 사람이 밀고한 것이다.

마침 신규식은 신병치료차 고향에 내려와 있을 때여서 체포를 면할 수 있었다. 나중에 학교당국에서 이 사건을 확대시키지 않으려는 방침에 따라, 주모자 한 사람만 빼고 모두 사면되었다. 주모자인 조성환은 사형선고를 받고 수감되었다가 무기로 감형되어 진도로 유배되었으며, 3년 뒤에 사면되어 참위參尉로 임관되었으나 사직하고 말았다. 이 사건 이후로 조성환과의 친분은 평생을 두고 변치 않았다. 나중에 박찬익朴贊翊과 함께 결의 삼형제를 맺을 정도였다.

신규식은 이듬해인 1902년 무관학교 2기생으로 졸업하여 참위로 임관되었다. 동기생은 민영휘의 아들인 민대식閔大植과 신창휴申彰休 등이다.

향리에 교육기관 설립

1903년, 신규식은 그의 향리 질마루에다 덕남사숙을 설립했다. 쓰러져 가는 나라를 일으키려는 데는 교육이 가장 좋은 무기라 생각한 것이다.

눈이 하얗게 덮인 겨울 어느 날, 10여 칸의 아담한 교사 앞에서 주민 100여 명과 학도 80여 명이 모여 덕남사숙의 개교식을 거행하고 있었다. 이 사숙의 설립자인 신규식은 교단에 꼿꼿이 섰다. 학동들은 신규식의 줄이 쪽 곧은 군복바지와, 어깨와 가슴에서 번쩍거리는 계급장과 훈장을 황홀한 눈으로 바라보았다.

좌우를 둘러보던 신규식은 무거운 입을 열었다.

어린이는 나라의 기둥입니다. 또한 보배입니다. 우리나라가 망하게 된 것은 두 가지 때문입니다. 하나는 무武를 업신여긴 것이요, 다른 하나는 교육에 등한했기 때문입니다.

신규식은 먼 산을 바라보았다.

이순신의 철갑 거북선을 한낱 녹슨 쇠붙이로 만든 후손이 나라 망한 책임을 져야 하는 것이요, 또 이 원인은 교육이 철저하지 못한 탓입니다. 지금 무武를 말해 보았자 이미 엎질러진 물이요, 설사 무를 길러 보았자 계란(한국)으로 바위(일본) 치는 격이 되고 맙니다. 이 나라 먼 장래를 내다볼 때, 어린이 교육이야말로 무엇보다 중요합니다.

이때 난데없이 장끼 한 마리가 식장으로 날아들었다. 신규식의 손에 잡혔던 오색이 찬란한 꿩은 푸드득거리며 앞산으로 날아갔다. 꿩은 상서로운 짐승이라고 모두들 기뻐했다.

개교식은 즐거움 속에서 끝났다. 이 덕남사숙은 애초에 7칸짜리 신씨 종가에서 시작되었다가, 신규식의 출연과 신씨 문중 및 인근 동네의 찬조를 얻어 새 교사를 마련한 것이다. 교과는 산술·측량·한문·일어 등 10여 과목이었으며, 유능한 교사를 청주에서까지 초빙했다. 재래 서당이 아닌 근대식 학교의 면모를 갖춘 사숙이었다.

평생을 후진교육에 전력을 다했던 신규식의 한 면모를 이 덕남사숙의 설립에서 엿볼 수 있다. 그는 군무에 바쁜 틈을 타 이 사숙에 와서 직접 강의를 맡곤 했다. 을사조약 체결 직전에는 이곳에 내려와 손수 작사 작곡한 노래를 학동들에게 가르쳐준 일도 있다.

아 대한민국 만세

부강기업富强基業은 국민을 교육함 존재함일세

우리는 덕을 닦고 길을 바로어

문명의 선도자가 되어 봅시다

학도야 학도야 청년학도야

나라의 기초는 우리 학도님

충군신 애국성을 잊지 맙시오

활발히 경주하여 전진함에

허다사업을 감당할려이면

신체의 건장함이 청백이로다

천지도 명랑하고 평원광야에

태극기 높이 달고 운동하여 보자

신규식은 손을 흔들면서 열 번이고 스무 번이고 학동들이 완전히 익힐 때까지 가르쳐 주었다.

그러던 중 청천벽력 같은 을사조약 체결의 소식을 들은 것이다. 밤을 뜬눈으로 지새운 신규식은 다음날 새벽 한걸음에 상경했다.

그 뒤 나인영羅寅永과 함께 5적 암살을 계획하다가 실패한 신규식은 부질없이 칼자루를 어루만지면서 눈물로 나날을 보냈다. 1907년 6월에는 헤이그 밀사사건으로 고종이 양위하고, 이어 한일신협약이 체결됐다. 드디어 이해 7월 31일 심야에 군대해산 조칙이 내렸고, 8월 1일 훈련원에서 해산식을 거행하기로 한 것이다. 구한국군의 병력은 모두 4천 500명에 지나지 않았다.

해산식 아침에 비가 억수같이 내렸다. 간간이 천둥이 치고 번개가 번쩍거렸다. 신규식은 서소문 보병영步兵營, 곧 제1연대 제1대대 소속이었고, 대대장은 박성환 참령이었다. 박 대대장은 해산식에 병사를 참여시키라는 빗발치는 일본 교관의 독촉에도 아랑곳없이 병을 핑계삼아 대대장실에 그냥 누워 있었다. 그래서 대대장 대리가 병사를 인솔하고 해산식에 참석하기 위하여 막 떠나려는 순간이었다.

"탕!"

대대장실에서 단발의 총성이 울렸다. 병사들은 그 총소리가 무엇을 의미하는지 곧 알아차렸다. 병사들은 걷잡을 수 없이 동요하기 시작했다. 누군가가 "저 일본 교관놈을 죽여라"라고 외쳤다. 무기고를 부수고, 탄약과 총으로 무장한 군인들은 일제히 거리로 뛰어나왔다. 인접해 있던 제2연대 제1대대도 이미 합세했다. 하늘에선 가랑비가 내리고 있었다. 부위 신규식은 부하들을 이끌고 대한문 앞까지 진출했다.

즉각 출동한 일본군은 월등한 무기와 병력으로 육박해 왔다. 완강한 저항에 부딪치자 일본군은 기관총을 난사해 댔다.

강제로 군복을 벗은 신규식은 진골 거실에 틀어박혀 두문불출, 명상으로 소일하게 됐다. 이럴 즈음 군의 상사였던 윤치성尹致晠이 찾아왔다.

"예관, 회사를 하나 만듭시다."

"회사라니오?"

"이러고 있을 수만 있소? 실업을 일으켜야지. 퇴직 군인들의 퇴직금으로 회사를 만들잔 말이오. 자금이 모자라면 중형(윤치소〔尹致昭〕를 말함. 윤보선〔尹潽善〕의 아버지)도 출자를 하겠다고 했소."

"좋습니다. 나도 그 비슷한 생각을 하고 있던 참입니다."

윤치성과 신규식은 동분서주하며 10여 명의 퇴직 장교를 규합해 광업廣業주식회사(광업〔廣業〕은 생업을 넓힌다는 뜻으로, 광업〔鑛業〕을 했다는 기록은 잘못임)를 발기했다. 발기인은 윤치성, 조철희, 신창휴, 민대식, 신규식 등 10여 명이었다. 사무실 위치는 현 단성사 앞이었고, 업종은 지방과의 각종 물산을 무역하는 것이었다. 사장은 이 회사에 상당한 출자를 한 윤치소이고, 신규식은 경리책임자가 되었다.

회사는 나날이 번창했다. 한편 분원 자기공장을 단독으로 설립하여 고려자기의 부활에도 힘썼다. 또 신규식은 대한자강회와 대한협회에도 가입하여 민권운동에도 열렬히 참여했다. 광업회사의 숙직실에 기거하면서 그는 잠시도 쉬지 않고 뛰었다.

해가 바뀐 1909년 1월, 예관은 오랫동안 적조했던 나인영의 방문을 받았다.

"허, 예관이 이런 훌륭한 사업가일 줄은 미처 몰랐소."

"별 말씀을……. 어디 저 개인의 치부를 하기 위해서입니까?"

"알고도 남음이 있소. 한데 식산부국도 좋지만 민족정신의 집결이 무엇보다 시급하지 않겠소?"

"이를 말씀입니까?"

열여섯 살이나 연장인 나인영을 선배로서보다 스승으로 대하고 있는 신규식이었다.

"그렇다면 한배님의 자손은 한얼로 뭉쳐야지."

"그 말씀이시군요. 저도 일비지력—臂之力(아주 작은 힘)을 맡겠습니다."

이 달 1월 15일 중광절重光節를 기해서 나인영은 대종교를 창시했다. 그리고 이름을 나철로 개명했다. 이 순수한 민족종교에 신규식은 주저없이 입교했다. 대종교는 창시 목적을 독립투쟁에 둘 정도로 투철한 민족적 종교단체였다. 2천만 동포가 한얼로 뭉쳐서 홍익인간의 이념 아래 외세를 배격하고 자주 자립의 국가건설을 그 실천윤리로 삼았다.

나철은 근대사에 나타난 한 거목이다. 그가 1916년 8월 15일 구월산에 들어가 일본의 폭정을 규탄하는 유서를 남기고 자결할 때까지 포교와 민족운동에 공헌한 업적은 심대한 바가 있다. 뒤에 그의 유지를 이어받은 서일徐— 이하 동북만주 일대의 독립투사 대부분이 대종교 신도들이었다. 신규식은 대종교를 그의 정신의 안식처로 삼았다.

대종교에 귀의한 지 몇 개월이 지난 뒤, 그는 윤치소의 뒤를 이어받아 중동야학교(현 중동학교)의 제3대 교장이 되었다.

망명을 결심하다

1910년, 일제는 이 나라를 마지막 꼬리까지 삼켜 버렸다. 이른바 경술년의 국권 강탈. 어찌 경술년을 기다려서만 망했으랴. '필연코 올 것이 왔구나.' 신규식의 피는 그 치욕을 용납할 수 없었다. 그는 민족에 속죄하는 마음으로 순절을 결심했다. 그는 며칠 밤을 뜬눈으로 세웠다.

어느 날 밤 신규식의 집 사랑채에 청년 세 명이 머리를 맞대고 둘러앉았다. 한 사람은 눈이 부리부리하고 체구가 당당한 30대 중반의 청년, 또 한 사람은 애꾸눈이 빛을 발하는 수척한 30대 초반의 청년, 마지막 한 사람은 온화한 얼굴에 미소를 담뿍 담고 있는 귀공자 타입의 스물여덟 살 청년이었다.

이들이 바로 조성환, 신규식, 박찬익이다. 이들은 많은 얘기를 나눈 뒤 중국으로 망명하기로 했다. 조성환과 박찬익이 먼저 떠나고, 신규식은 남은 일을 처리하고 난 뒤 떠나기로 했다. 세 사람은 결의형제를 맺었다. 이 결의 삼형제는 그 뒤 독립운동 과정에서 조그마한 틈도 없이 끝까지 깊은 동지애로 이어졌다.

신규식의 망명준비는 은밀하게 진행되었다. 망명자금 마련을 위해 그는 우선 분원 자기공장을 처분했다. 그리고 서모의 집인

궁골 15칸 초가집도 처분했다. 그러나 액수는 불과 7백여 원에 지나지 않았다. 어림없는 액수였다.

그는 장안의 부자 정두화鄭斗和(김가진의 사위)와 예산 정명선鄭明善에게 협조를 구해 상당한 액수를 얻어냈다. 또 광업회사의 외상을 거둬들이고 지출을 일체 중지하여 현금을 꽁꽁 뭉치니 모두 2만여 원(일설일 뿐 정확한 액수는 아님)이 되었다. 쌀 한 가마에 2원 50전 할 때이니 2만 원이면 큰 돈이었다. 계획을 세운 지 6개월여 만의 결실이었다.

그는 미안스런 생각도 다소 들었다. 언제나 인자하고 끔찍이도 자기를 위해주는 서모의 집을 판 것과, 또 이해와 협조를 아끼지 않던 선배 윤치소에게 한 마디의 상의도 없이 회사 돈을 몽땅 거두어들였으니 그들을 볼 면목이 없었다. 준비가 거의 끝난 뒤 그는 장조카 형호衡浩를 불렀다.

"너, 나와 같이 해외에 가서 독립운동을 하겠니?"

"숙부님께서 시키는 대로 하겠습니다."

"그럼 먼저 상해로 가서 기다리고 있거라."

신규식은 자금 중 일부를 그에게 건네주었다. 자기가 체포될 경우를 생각해서 자금을 분산시키자는 의도에서였다. 그는 향리에 있는 부친에게 고별인사차 내려갔다. 마침 이때가 부친의 생신이었기 때문에 어쩌면 마지막이 될지도 모르는 생신을 함께 차려드릴 심산이었다.

1911년 초봄, 아직도 눈 속에서 부는 차가운 바람은 겨울이나 다름없었다. 생신을 치르고 난 뒤 신규식은 한성외국어학교 학생인 아우 건식健植을 은밀히 불렀다.

"나는 상해로 가겠다. 연락이 있을 때까지 기다리고 있거라. 그리고 아무에게도 이 얘기를 하지 말도록 해라."

서울에 올라온 신규식은 곧 몇몇 친근한 동지들과 만나 마지막 망명계획을 손질하는 한편 윤치성 등 선배 및 가까운 친지들을 찾아 고별인사를 했다. 문중 일가로서 계동 신석구, 신태휴 등 평소 그를 아끼던 사람들을 찾았지만, 마지막이 될지도 모를 상면에서 속마음을 털어놓지 못하는 것이 안타까웠다. 이들은 침통한 표정으로 큰절을 하고 물러가는 신규식을 물끄러미 바라볼 뿐이었다.

손문과의 만남과 신해혁명 참가

압록강의 새벽바람은 매서웠다. 몇 개월 전에 완성된 시꺼먼 압록강 철교를 바라보는 신규식의 가슴은 형언할 수 없는 감회에 젖어 있었다.

'대륙 침략의 가교!'

'아, 망국민의 설움!'

사위는 쥐죽은 듯이 고요하고 사공의 노젓는 소리만이 정적을 깨뜨렸다. 조각배는 갈대숲에 멎었다. 신규식은 훌쩍 뛰어내렸다. 그가 디디고 선 땅은 이젠 남의 땅, 강 건너 어렴풋이 보이는 조국의 산하. 그의 눈에 비친 조국의 모습은 그것이 마지막이었다. 그렇게도 사랑하던 조국을 그는 그 뒤 다시 못 본 채 영원한 불귀의 객이 된 것이다.

천신만고 끝에 봉천을 거쳐 상해에 도착한 신규식이 그곳의 사정을 알아보니 교포의 힘은 미약하기 짝이 없었다. 모두 30명 내외의 인사들이 생업에 종사하기에도 급급하여 독립투쟁은 엄두도 내지 못하는 실정이었다. 예관은 이들을 한데 뭉치는 방법을 구상하는 한편 중국 혁명인사들과의 접촉을 시도했다. 제일 먼저 만난 중국인사는 불과 스물이 갓 넘은 『민립보民立報』의 기자 서혈아徐血兒였다.

"서 기자, 나는 꺼저우리팡스(고려개)요. 이 망국민을 도와줘야 겠소."

"어떻게 도와드려야 하지요?"

"두 나라는 정치적으로나 문화적으로 몇 천 년을 두고 깊은 교류를 해왔소. 양국간을 형제의 사이라고 말해 왔소. 중국이 우리를 외면해서는 도리가 아니잖소?"

예관의 말은 계속되었다.

"입술이 떨어지면 이가 시린 법, 이미 입술은 떨어졌소. 쭝궈팡스(중국개)를 면하려면 우리의 독립운동을 도와주는 것이 첩경이란 말이오."

"충분히 알겠습니다만, 어떤 방법으로……."

"우선 동맹회(국민당 전신) 인사들을 소개해 주십시오."

"좋습니다. 제가 잘 아는 황홍黃興 장군을 소개해 드리지요."

신규식의 식견과 애국심에 경복한 서혈아는 3년 뒤 죽을 때까지 신규식을 도왔다. 당시 중국의 정치정세는 수년 전의 한국을 방불케 하는 것이었다. 열강의 손은 중국 전역에 뻗쳐 있어 하나 씩하나씩 이권을 노리면서 뻗쳐 들어오고, 부패한 청조 및 수구 파는 중국 근대화에 완강히 저항하고 있었다.

신규식을 만난 황흥은 그 높은 기개와 앞날을 내다보는 형안에 감탄하며 한국 독립운동에 협조를 아끼지 않겠다고 약속했다. 황흥은 중국 혁명세력의 제2인자 격이었고, 신해혁명 후 대원수부의 육군총장을 역임한 거물이다. 황흥을 만난 신규식은 동맹회에 가입했고, 이름을 신성申檉이라 개명했다.

동맹회는 손문이 만든 혁명단체였다. 부패한 수구세력을 타도하고 새 공화정권을 수립하겠다는 멸청흥한滅淸興漢의 기치를 내걸고 혜성처럼 나타난 손문은, 민족자본세력을 규합해서 1905년이 동맹회를 조직했다. 혁명이념은 민족·민권·민생을 골자로 한 삼민주의였다.

이 동맹회에서 신규식은 당의 실질적인 영도자요 이론가인 진기미陳其美를 비롯, 송교인宋敎仁, 호한민胡漢民, 대계도戴季陶 등 일곱 명의 혁명 정객들과 교유했다.

여름 어느 날 신규식은 손문과 상해에서 자리를 같이했다.

"예관 선생이 우리 동맹회를 도와주신다니 참으로 장한 일입니다."

"바로 중국 혁명운동이 한국 독립에 직결된다고 생각하기 때문입니다."

"어떤 점에서 그렇습니까?"

"무력한 청은 우리에게 시모노세키조약 등 많은 죄를 저질렀습니다. 역사적으로 볼 때 양국 사이는 순치脣齒의 관계였습니다만 중국이 우리를 속국시한 것도 또한 사실입니다. 그래서 혁명의 이념을 보고, 과거 우리에게 진 묵은 빚을 청산해 주리라 확신했기 때문입니다."

"과연 듣던 대로 훌륭한 논객이요, 애국자이십니다."

"중국 혁명운동에 끝까지 작은 힘이나마 보태겠습니다."

"예관 선생! 감사합니다."

40대의 손문은 신규식의 손을 굳게 잡았다.

신규식은 1911년 10월 10일에 일어난 무창기의武昌起義에 참여했다. 무창기의는 부내 3천 명의 장교 및 병사들이 '구정권 타도, 신공화제 수립'의 기치를 내걸고 반란을 일으킨 데서 점화되었다. 불길은 삽시간에 타올라 호서·산동 등지 12개 성이 독립을 선포하고, 입헌제를 골자로 한 임시약법臨時約法을 선포했다. 동시에 임시정부를 조직하고 임시총통으로 손문을 추대했다. 껍데기만 남았던 청조가 이로 해서 종언을 고한 것이다.

신규식은 이 기의에서 혁명의 필요성에 대한 변설로 민중들을 참여시키는 홍보 임무를 맡았다. 그러나 완전 성공일 것 같았던 이 혁명운동은 이듬해 1월 2일 원세개가 공화제를 반대하고 입헌군주제를 들고 나옴으로써 차질을 빚기 시작했다. 2월에 손문은 사직하고, 원세개가 뒤를 이었다.

이때 동맹회의 간부들인 송교인(혁명정부 농림총장), 호한민, 대계도 등이 동맹회의 기관지 『민권보』의 창간을 서두르고 있었다.

이 소식을 들은 신규식은 신문발간 기금으로 자기의 소지금 중 1만여 원을 쾌척했다. 이로부터 중국인들 사이에는 중국에는 손문, 한국에는 신성이라는 말이 나올 정도로 신규식의 인기가 부각되었다.

그러나 신규식은 이런 일들로 해서 원세개의 미움을 받아 쫓기는 몸이 되었다. 그는 상해도독 진기미의 권유로 프랑스 조계 어양리 농당가에 숙소를 정했다. 농당은 일종의 아파트로서 2층집이 쭉 연결된 독립부락을 형성하고 있었다.

이곳은 중국 혁명지사들의 은신처였다. 피신하기엔 가장 안전한 곳이다. 이곳은 신규식이 거처를 정한 이후 상해 임시정부의 30년 터전이 되었다. 신규식의 바로 옆집에는 백문울柏文蔚 장군이 살았고, 두어 집 건너에 대계도가 살았다. 또 외교가로 유명한 장계張繼도 몇 집 건너에 살았다.

신규식의 집은 아래 위층 합해서 모두 8개의 방이 있었다. 위층은 신규식, 신석우申錫雨, 조용하趙鏞夏(조소앙의 백씨) 등 주로 원로들이 썼고, 아래층은 정환범鄭桓範, 신성모, 민필호, 이범석 등 청년들이 썼다. 시중은 신규식을 늘 존경해서 따르던 중국인 청년 대조신戴朝臣(신규식이 이름을 지어주었음)이 맡아했다.

신규식의 방 한편 벽에는 단군의 초상화가 걸려 있고, 맞은 편 벽에는 이 충무공의 초상화가 걸려 있었다. 충무공 초상화 옆에는 신규식이 쓴 '서해어룡동 맹산초목지誓海魚龍動 盟山草木知'라는, 가히 일가를 이룬 달필의 충무공 시 한 구절이 걸려 있었다. 신규식의 글씨는 동기창董其昌체였다. 부드럽고 둥근 우미한 글씨였다. 그 옆에는 한국지도를 걸어놓았다.

신규식은 아침 저녁으로 단군 초상화 앞에서 묵념을 빼놓지 않았다. 묵념이 끝나면 충무공 초상 앞에서 조국의 독립쟁취를 맹세했다. 그러고는 한국지도를 바라보았다. 이 일과는 평생을 두고 여관방에서나 피신처에서나 하루도 빼놓지 않고 되풀이되었다. 아무리 기거가 어려운 병중이라도 그는 이를 한번도 어기는 일이 없었다.

이때는 각지의 독립투사들이 속속 상해로 밀려오던 무렵이었는데, 그들은 거의 이 집에서 유숙하며 정착할 처소를 물색했고, 집회장소로도 썼다. 자주 내방하는 중국인사들과의 깊은 교류도 이곳에서 이루어졌다. 떠듬떠듬 서툰 중국 발음으로 토해내는 신규식의 변설은 중국인들에게 한결같은 감동을 주었다. 그 중에도 진기미, 송교인과의 우정은 그 깊이를 헤아리기 어려울 정도로 깊었다. 한편 신규식은 상해로 속속 밀려드는 독립지사와 청년들을 한데 묶을 단체의 필요성을 느꼈다.

동제사와 신아동제사의 결성

햇살도 뜨거운 6월말경, 신규식은 박은식, 홍명희 등과 더불어 교민들을 규합할 단체를 결성할 것을 상의했다. 이후 백방으로 연락하고 동분서주한 결과 100여 명의 한인들을 규합하여 동제사를 발기할 수 있게 되었다.

7월 4일, 이국 하늘에 애국가가 울려 퍼지고 태극기가 펄럭거리는 가운데 동제사 창립식이 거행되었다. 박은식은 총재로, 신규식은 이사장으로 추대되었다. 신규식은 비장한 취임 인사말을 했다.

동지 여러분! 오늘 꺼저우리팡스끼리 모여서 이 동제사를 만들었습니다. 왜 우리는 망국민이 되었을까요? 그것은 무엇보다 사심과 파벌의식이 우리의 혈관 속에서 짙게 작용했기 때문입니다. 전혀 일본이 악독해서만은 아닙니다. 조국광복을 쟁취하기 위해서는 우리 내부에 작용하고 있는 사심과 파벌을 없앱시다. 남의 땅에서 온갖 수모를 겪으며 조국광복에 헌신하고 있는 우리에게 무슨 기호畿湖와 서북西北이 있겠으며 경상도와 전라도가 있겠습니까? 몬테카를로는 25만 명의 국민으로 나라를 보전하고 있습니다. 우리도 온갖 치욕과 수모를 받을지라도 참고 견디며 뭉칩시다.

웅변가는 아니나, 차분차분하고 진정이 가득 담긴 신규식의 인사말이 끝나자 장내에는 박수소리가 길게 울렸다. 대한민국만세를 합창할 때 눈물을 글썽이는 청년들도 있었다. 초기에 이 동제사에 참가한 인물로는 박은식, 홍명희, 신규식은 물론 문일평, 박찬익, 신석우, 변영만卞榮晩, 김규식, 정인보 등이 있었고, 뒤에는 신채호, 신건식申健植, 정환범, 이광李光, 민충식, 신성모, 민필호 등이 있었다. 상해의 망명지사들 거의가 여기에 가입하여 활동했다. 동제사는 임시정부가 수립되기 전까지 공식기구와 같은 구실을 했다.

동제사는 교민의 상호친목과 독립투쟁은 물론 여권 주선, 한국인의 직장 및 권익 옹호와 심지어 외지에서 오는 인사들의 숙소를 주선하는 일까지도 맡아했다. 뒤에는 회원이 300여 명이 넘었으며, 구미 각국에도 분사를 설치했다.

신규식은 한국과 중국 혁명지사들과 서로 연결하고, 양국민의 우의를 증진시키는 조직체의 필요성을 느꼈다. 그래서 어느 날 『대공보』의 주필인 호림胡霖을 찾아갔다.

"한국은 동양의 발칸이오. 한국문제의 해결 없이는 중국의 평화도 도모하기 어렵소."

"예관 선생의 뜻은 잘 알고 있습니다."

"어부漁父(송교인), 영사英士(진기미) 두 선생의 찬성을 얻었소만, 정지政之(호림) 선생도 도와줘야겠소."

"무엇을요?"

"양국간의 호조互助 기구를 만들어서 우리의 혁명지사들을 도와달라는 것입니다."

"네, 적극 협조하겠습니다."

신규식의 열의에 감동한 증국인들은 한·중 호조기구인 신아동제사 발기에 속속 참가했다. 참가인 면면을 보면, 송교인, 진기미, 호림을 비롯해서 호한민, 대계도, 서겸徐謙(국민정부 법무부장), 백문울, 당계요唐繼堯(운남성 도독), 진과부陳果夫(후에 국민당 영도자), 장수란張秀鸞(역사학자) 등 30여 명이었다.

이 신아동제사도 후기에 와서는 아무런 기능을 발휘하지 못하는 단체가 됐다. 원세개의 수구세력에 쫓기게 된 손문의 혁명세력이 지하로 잠적하게 되어 이 단체를 돌볼 겨를이 없었던 것이다. 그러나 뒤에 우리 임시정부가 중국측의 특별한 협력을 받을 수 있었던 것은 이때 신아동제사를 통한 신규식과의 인간적인 유대에 힘입은 바가 크다 할 것이다.

1912년 초가을, 신아동제사의 결성을 마친 신규식은 그의 거실에서 쉬고 있던 중 한 장의 해괴한 암호전문을 받았다. 만주에 가 있던 조성환과 여러 학생들이 일경에 체포되어 서울로 압송됐다는 내용이었다.

일본의 총리대신 가츠라桂太郞의 만주방문을 계기로 암살을 모의했다는 혐의였다. 신규식은 납득이 가지 않았다. 조성환이 얼마 전 그를 찾아와 물은 적이 있었다.

"가츠라가 만주를 방문하는데 그놈이나 없앨까?"

"청사晴簑형, 온통 이리떼 세상인데 그 한 놈 죽여서 무슨 소용이 있겠소?"

농담 삼아 얘기한 것이 생각나긴 했으나 어딘가 석연치 못한 데가 있었다. 이때 진기미가 황급히 뛰어왔다.

"예관 선생! 빨리 피신하시오."

"영사 선생, 무슨 일입니까?"

"예관 선생이 가츠라 암살음모에 가담했다고 경찰들이 이곳으로 들이닥친다는 정보요."

"방금 조성환 동지가 체포되었다는 전보를 받았습니다만……."

"부끄럽소. 썩은 정부가 일본에 아부하기 위해서 저지른 일이오. 중산中山(손문) 선생과 극강克强(황흥) 선생도 강개하고 계십니다."

"공법이 있는데 그럴 수가 있겠습니까?"

"공법이 지금 어디 있습니까? 남경으로 가십시오. 숙소는 염려 마시고……."

신규식은 망설였다. 주권 없는 백성이 어디 가면 이곳보다 더 안전하겠는가 말이다. 소식을 들은 중국 사람들과 한국 동지들이 모여들어 행장을 챙겨주며 속히 떠나라고 신규식에게 강권했다. 비가 부슬부슬 내리는 봄날이었다.

신규식은 중국 복장으로 변장하고, 진기미가 탄 인력거 뒷자리에 앉았다. 인력거는 쏜살같이 프랑스 조계를 벗어나 양자강 어귀에 닿았다. 남경으로 가는 기선이 길게 출발신호를 울리고 있었다.

"예관 선생, 너무 상심 마십시오. 이곳이 좀 진정되면 곧 연락을 드리겠습니다."

"이 은혜를 무엇으로 갚을지 모르겠습니다."

"배가 곧 떠납니다. 어서 타십시오."

2등실 구석에 몸을 누인 신규식은 갖가지 상념에 잠겼다.

'중국에 망명와서 벌써 일곱 번이나 몸을 감추기 위해 이사를 다녔다. 끽다점에 들어가면 꺼저우리팡스라고 하녀들도 욕을 퍼부었다. 원세개정부는 구실만 있으면 체포하려고 눈을 번득인다. 진기미의 눈물겨운 우정……, 조성환은 그 악독한 고문에 얼마나 시달릴까.'

신규식은 입속으로 시 한 구절을 읊었다.

이제 지옥에 들어가니
하루에도 창자가 아홉 번이나 뒤틀리는구나
今焉入地獄 一日九回腸

이 사건으로 중국의 각 단체와 언론은 원정부에 비난을 퍼부었다. 비인도적이요, 국제 공법을 무시한 처사였다는 비난이었다. 조성환은 서울로 끌려가 재판을 받은 뒤 거제도로 유배되었다가 1년 뒤 풀려나왔다. 뚜렷한 혐의사실이 없었기 때문이다.

박달학원의 개원

남경에 피신한 신규식은 몸을 도사리고 숨어 있을 수만은 없었다. 은밀히 상해를 왕래하면서 중국 각 학교에 한국 청년들의 입학을 주선하는 한편, 박달학원博達學院 설립준비를 서둘렀다. 이때 아우 건식이 고국으로부터 망명해 왔고, 아내가 해산해서 아들을 낳았다는 소식을 들었다. 그가 망명할 때 아내가 임신중이었다. 이름을 상호尙浩라 지었다. 피신 중에 신규식은 또 하나의 충격적인 소식을 들었다. 그것은 생사를 같이하기로 한 혁명정부의 법제 및 농림총장을 지낸 송교인이 피살되었다는 소식이다. 송교인은 여행에서 돌아오던 중 상해 역두에서 원세개파의 자객에 의해 암살되었다. 1913년 3월 20일의 일이었다.

신규식의 상심은 이루 말할 수 없었다. 음으로 양으로 한국 독립지사들을 도와주던 송교인, 괴롭고 외로울 때 늘 따뜻한 말로 위로를 아끼지 않던 그였다. 신규식은 3일 동안 식음을 전폐하고 몸져누워 있다가 상해와 남경에 있는 동지들을 모아 송교인의 추도식을 올렸다. 비록 국적이 다르고 사귄 기간은 짧았지만 평생에 다시 만나기 힘든 혈맹의 벗을 잃은 신규식의 심정은 비장했다. 심신을 가다듬고 자리를 털고 일어난 그는 새로운 결의를 품고 활동을 시작해야 했다. 우선 그는 샌프란시스코에서 발행하는 『신한민보』와 하와이에서 발행되는 『국민보』의 국내 보급에 손을 대는 한편, 김규식과 의논하여 적십자대를 결성했다.

1913년 7월, 중국정계는 극도의 혼란에 빠져 있었다. 원세개의 전제정권에 항거하는 각지의 봉기가 끊일 사이가 없었다. 그 주력은 상해에 큰 세력을 거느리고 있는 진기미부대였다. 그러나 민중의 지지나 정의도 때로는 무력한 한낱 이상에 지나지 않는 경우가 있다. 진기미는 패주를 거듭했다. 마침내 그는 프랑스 조계로 피신하는 몸이 되었다. 신규식은 이런 처지의 진기미에게서 좀 만나자는 전갈을 받았다.

"영사 선생! 참으로 분하오."

"하늘이 날 돕지 않는 걸 어떻게 합니까?"

"우리는 이미 망국노亡國奴가 되어 버렸으나, 중국의 앞날도 우리의 전철을 밟지 않을까 심히 두렵습니다."

"당분간 일본으로 망명해 있으면서 재기를 도모할 작정입니다."

“예?”

신규식의 눈은 놀람으로 가득 찼다.

“나도 이제 예관 선생과 같은 처지가 되었습니다. 하하.”

서른일곱의 진기미와 서른넷의 신규식은 한동안 만감이 교차하는 시선을 서로 주고받았다. 신규식이 먼저 입을 열었다.

“전에 우리 양국 중 먼저 혁명에 성공한 나라가 끝까지 돕자고 약속했었지요?”

“지금도 피차가 변함없는 약속이 아니겠습니까?”

“우리 목숨이 붙어 있는 한 실망은 금물입니다.”

두 사람은 손을 굳게 잡았다. 진기미와 작별한 신규식은 수척한 몸을 흔들며 거리로 나왔다.

‘진기미, 그가 망명을 하다니.’

그는 신규식이 상해로 망명온 뒤 물심양면으로 협조를 아끼지 않았다. 이런 일도 있었다. 신규식의 처소가 몹시 불편하고 침식이 어려움을 살펴본 진기미가 그에게 권했다.

“우리 집에 방이 하나 있습니다. 그곳에서 머무십시오. 비록 집회하기에는 좁겠으나 몸을 숨기거나 일을 벌이기에는 적합한 곳입니다. 식사 같은 건 우리 집사람이 잘 돌보아드릴 것입니다. 내 청을 물리치지 마십시오.”

그때 신규식은 끝까지 사양했다. 사사로운 일로 절대 남의 나라 사람의 신세를 져서는 안 된다는 것이 그의 신념이었다. 그런 며칠 뒤 밤이 깊었을 때였다. 방 밖에서 누가 부르는 소리가 들렸다.

누구의 목소리인지 알아차린 신규식이 2층 창문을 열고 아래를 내려다본 순간이었다. 주먹만한 흰 덩어리 하나가 신규식의 어깨를 치며 날아왔다. 진기미는 신규식에게 말할 틈도 주지 않고 어두운 골목으로 사라졌다. 흰 주머니 속에는 상당액의 은전大洋票이 들어 있었다. 직접 그에게 건네주었자 받지 않을 것을 안 진기미의 미행이었다. 이런 진기미를 적국 일본으로 망명 보내는 그의 가슴은 착잡했다.

숙소로 돌아온 신규식은 아우 건식과 김용준金容俊을 오송로광학교吳淞路鑛學校로 보내고, 정원택과 김정기金正琪를 무상중학務商中學에 보냈다. 이어서 그는 한국 자제들의 중국 각 군관학교의 입학건을 독촉하는 편지를 이열균李烈筠, 당계요 등에게 띄웠다. 손문과 진기미가 없는 중국 땅에서 우선은 정치적인 활동보다 한국 자제들의 교육문제에 전심하자는 생각에서였다.

해도 저물어가는 1913년 겨울, 신채호가 신규식의 방문을 두드렸다. 상해로 건너오라는 신규식의 권유를 받고 망설이던 신채호는 그가 경영하던 『근업신문』이 블라디보스토크 당국으로부터 폐간명령이 내려지자, 자기가 활동할 곳은 상해 밖에 없다고 생각해서 이곳에 온 것이다.

"학교는 잘 추진됩니까?"

"명덕리에 교사도 마련했고, 당국의 허가도 받았네. 자네만 기다리던 참이야."

"백암 선생도 계신데……."

"백암 선생과 같이 힘써주게. 무엇보다 시급한 건 올바른 우리 역사를 가르치는 거야."

　해도 바뀐 정월 18일, 박달학원이 개원을 했다. 학제는 1년 반으로 중국 각 학교에 진학하기 위한 예비학교의 성격을 띤 학원이었으며, 교수 과목은 역사·한어·영어·수학·지리 등이었다. 첫 입학생은 정환범, 민필호 등 상해 및 남경 지방에 거주하는 30여 명의 자제들이었다. 이 학원은 3회에 걸쳐 100여 명의 졸업생을 내서 중국 각 상급학교에 진학시켰다.

명저 『한국혼』을 집필하다

　교육사업에 몰두하는 틈틈이 신규식은 한국인의 정신적 지표가 될 만한 논거를 구상하기에 여념이 없었다. 이른바 일본의 대화주의大和主義를 극복할 수 있는 민족주의 이론이 시급하다고 생각했고, 또 자아를 상실한 청년들에게 앞으로 대처해야 할 일을 밝혀주어야겠다는 생각에서였다.

　그는 『한국혼』의 집필을 시작했다. 『한국혼』은 "마음이 죽어버린 것보다 더 큰 슬픔이 없고, 망국의 원인은 이 마음이 죽은 탓"이라는 문장으로 시작된다. 이어 마음이 죽었다는 것은 상진천량喪盡天良, 곧 본래 타고난 자질과 품성을 깡그리 잊어버렸다는 것을 뜻한다고 했다. 그는 이 글 속에서 분열상을 매도하고 역사의식 또는 민족의식의 결여, 시대정신의 몰각을 통탄하면서, 자존자신을 잃고 있는 민족을 힐책했다.

신지식을 아노라는 학자들도 고전을 말하게 되면 마니摩尼의 제천단祭天壇은 모르면서도 이집트의 금자탑을 자랑삼아 이야기하며, 새로운 기구를 이야기하면 정평구鄭平九가 창조한 비행기는 몰라도 멍불이 발명한 기구를 말하고, 인쇄활자는 반드시 독일과 화란만을 일컬었지 그보다 수백 년이나 앞서서 만들어진 신라·고려는 이야기할 줄 모르며, 문장을 배우고 글귀를 따는 데 있어서도 이태백과 두자미만 숭상했지 우리나라 고유의 학설문학은 배울 바 못 된다고 했으며, 위인의 언행을 말하게 되면 워싱턴이나 윌슨만 알았지 우리나라 기왕의 철인걸사들을 말할 바 못 된다고 했다.

나도 이·두의 문장을 사랑하지 않음이 아니며, 워싱턴이나 윌슨의 훈업을 숭배하지 않음도 아니지만, 다만 우리 동포들이 자기 것을 버리고 남의 것만 좇음을 원치 않는 바이다. 어찌하여 우리나라 사람들은 망녕되게 스스로 얕잡아보는 근성과, 책을 들추면서도 조상을 잊어버리는 기풍이 아직까지도 변하지 않는 것인지 참으로 비통한 일이다.

내 가장 존경하는 늙은 학자님들과 신진 학도들이여, 자양紫陽(주희)에 두 무릎을 꿇고 감히 스스로 한 발자국도 옮기지 못하는 것은 겨우 남이 배알은 침을 핥는 것이며, 온 몸을 백조白潮(서구사조를 의미함)에 적시는 것은 그 껍데기를 알기도 전에 먼저 나의 정신부터 장사지내는 것이다. 원수를 멸망하지 못한다면 백록白鹿(주희)의 죄인이 될까 두려우며, 문명을 몽상만 하는 것은 끝내 벽안(서양인)의 참된 벗이 될 수 없는 것이다.

우리들의 불공대천의 원수는 저 악하디 악한 일본이 아닌가? 멀리는 삼국시대에서도 우리를 도둑질하고 우리를 침범해온 일이 여러 번 있었지만, 임진년에 이르러선 강권만을 믿고 우리를 짓밟았으며, 을미년에도 우리의 황후를 죽이었고, 갑진·을사에는 우리의 주권을 빼앗아버렸고, 병오·정미에는 우리들의 군주를 협박하여 위를 물러나게 했고, 우리들의 군대를 해산시켰으며, 우리들의 의병을 학살했고, 우리들의 생령을 어육으로 만들었으며, 경술년에는 우리나라를 멸망시켰고, 우리 동포를 소나 말처럼 만들었다.

이와 같이 쓰면서 그는 이 치욕을 아는 민족이 되어야 한다고 지적했다. 이 치욕이 바로 순국으로 연결되는 것이라고 하면서, 그는 또 다음과 같이 쓰고 있다.

혹은 말하기를 피흘림이 나라 일으키는 데 도움이 없다고 한다. 그러나 피흘리기를 두려워하는 마음만을 옳다고 한다면 뻔뻔스레 얼굴을 들고 어리석고 둔해서 부끄러움을 모르는 데까지 이르고야 말 것이다. 국민들이 그토록 둔하고 어리석고 부끄러움을 모르게 된다면 원수를 쳐부수고 나라 중흥시킬 희망이 남아 있을 것이냐?

이는 순국에 대한 이론적인 근거를 밝힌 것이다. 자살을 세 번이나 기도했던 그 나름의 철학인지도 모른다. 끝으로 그는 "실력 준비 운운하는 것은 우리들이 마땅히 국민들의 상실되어 표탕한 정신을 만회시킨 다음, 다시 올바르고 굳은 의지를 결정해야 할 것이다. 10년 동안 끌어모으고 10년 동안 교훈하는 것은 우리들의 책임인 것이다"라고 썼다.

이 글을 그는 평생을 두고 가장 숭모하던 이 충무공의 노량 순국일인 1914년 11월 19일에 끝맺었다. 20대의 신규식은 그 당시 청년들이 대부분 그랬듯이 복고주의자였다. 그러나 『한국혼』을 쓸 때인 30대 후반에 들어서선, 그의 사상적 측면이 원숙의 경지에 이르렀다 하겠다. 이 글에선 민족주의 냄새를 강렬하게 풍기면서 복고주의 냄새를 찾아볼 수 없는 것이다.

이 『한국혼』을, 중국의 유명한 언론인 호림, 고암高岩 등은 문천상文天祥의 「정기가正氣歌」와 피히테의 『독일국민에 고함』 등에 비유했다. 그 웅혼한 문장과 높은 기개 및 투철한 민족정신은 그 비유에 어긋나지 않을 것이다.

교육은 구국의 길

1915년을 맞은 신규식은 한결 희망에 부풀었다. 중국의 정세가 다소 호전되어 손문, 진기미 등 국민당 인사들이 망명지인 일본에서 돌아왔고, 중국 각 군사학교에서 우리의 자제들을 받아줄 전망이 밝아졌기 때문이다.

신규식은 원정부의 탄압으로 유명무실하게 된 동제사를 다시 일으키는 한편, 박은식과 함께 대동보국단大同輔國團이라는 새로운 단체를 조직했다. 대동보국단은 평양의 한진교韓鎭敎, 정주의 선우혁鮮于赫과 연락을 취했고, 만주에 있는 조성환, 박찬익의 협조를 얻어 러시아령까지도 손을 뻗쳤다. 주로 독립자금의 조달이 그 목적이었다.

여기에서 많은 성과를 올린 신규식은 항주 절강성립 의학전문에 다니는 아우 건식이 발견한 고려사高麗寺의 수축을 끝냈다. 고려사는 고려의 성덕태자가 항주에 세운 절로서, 당시 황폐하기 짝이 없었다.

계속해서 그는 조완구趙琬九와 함께 대종교를 포교하는 한편, 중국의 사회단체인 남사南社에 가입했다. 또 그는 환구寰球 중국학생회에도 가입했다.

그가 남사와 환구 중국학생회에 가입한 것은 한국 자제들의 유학알선을 위해서였다. 이렇게 눈코 뜰 사이가 없던 어느 날, 신석우가 그의 처남이라는, 체구가 당당한 소년 하나를 데리고 왔다. 예관은 다부진 소년임을 한눈에 알아봤다.

"어린 소년이 뭣 하러 이곳까지 왔지?"

"조국독립을 위해서 왔습니다."

이 소년은 이범석이었다. 이날부터 이범석은 신규식 밑에서 잔심부름을 하고 지냈다. 신규식은 눈치 빠른 이범석에게 주로 손문 등 중국 요인과의 편지 심부름을 시키는 한편 북경어를 배우게 했다. 진학준비를 위해서였다. 4개월 동안 북경어를 배운 이범석은 항주체육학교杭州體育學校로 갔다.

그곳에서 신건식의 도움을 받으며 수학한 지 7개월이 지난 어느 날, 이범석은 상해로 오라는 신규식의 지시를 받았다. 상해로 달려온 이범석에게 신규식이 말했다.

"너는 군인이 되어야 해. 그러나 연령미달이니 손문 선생의 허락을 받아야 한다."

이때 비로소 그가 오래 전부터 교섭해 오던 중국 각 군관학교의 한국 자제 입학이 실현된 것이다.

맨 먼저 운남성 사령관인 당계요 장군의 휘하인 운남강무학교雲南講武學校에서 입학 허가를 받았다. 1차 입학생 5명의 선발은 손문과 신규식이 맡기로 했다. 선발된 인원은 김세준金世俊, 배천택裵天澤, 김정金鼎, 최진崔震, 이범석 등이었다. 떠나는 날 상해 부두엔 신규식·여운형·신석우·조용하 등이 송별하러 나왔다. 신규식은 이들을 격려했다.

배우기 위해선 설사 훈련장의 철봉대에서 떨어져 죽든, 또는 강의실에서 쓰러져 죽든 상관할 게 못 된다. 다만 쓸모 있는 사람이 되는 것만을 목표로 삼아야 한다. 모름지기 나라 잃은 2천만 동포를 위해 힘껏 싸워야 하며, 따라서 그대들 개인의 영광은 우리 2천만 겨레의 영광인 줄 알라. 부디 힘써라.

이들은 신규식의 가르침을 새기며 운남으로 떠났다. 이후 당계요를 비롯해 이열균, 백문율, 노영상 등의 협조를 얻어 보정군관학교, 천진군수학교, 남경해군학교, 호북강무당, 광동강무당, 운남강무학교, 항주체육학교 등에 약 10년에 걸쳐 100여 명의 한국 자제들을 보냈다. 사람의 적성에 따라 전공을 택해주던 신규식은, 신건식은 절강성립 의전에, 신성모는 오송상선학교에 보냈고, 정환범은 동오대학에서 외교를 전공하게 했다. 훗날 그의 아우 동식은 독일정신을 배우라고 독일로 보냈고, 윤보선에겐 영국에 가서 외교를 공부하라고 지시했다. 신규식의 비서이자 사위인 민필호는 다음과 같이 쓰고 있다.

청년들에 대한 선생의 애호는 빈틈이 없었다 하겠다. 선생께서는 청년이 찾아오면 식사와 숙소를 마련해주셨고, 또 떠나면 노자를 꾸려주셨고, 유학을 가게 되면 여권과 입국절차를 돌보아주셨으며, 또한 학교에 들어가면 학비를 준비하셨고, 심지어는 몸소 학생을 데리고 가서서 학교에 입학시키고 그들의 학비를 납입하고, 책을 사고, 모든 수속을 다 마치는 것을 보신 후에 비로소 안심하셨다.

이렇게 주선한 학생이 1919년에 이르러선 미국을 비롯한 각지에 300여 명이 넘었다. 교육 뿐만 아니라 청년들이 좌절감에 빠졌을 때나 어려운 일이 닥쳤을 때는 그는 모든 일을 제쳐놓고서 돌봐주었다. 신규식의 정신에 감복한 청년들은 그를 친아버지나 형님처럼 따랐다.

대조신이라는 중국 청년은 신규식을 존경한 나머지 신규식의 임종 때까지 시중을 들었다. 프랑스 조계 그의 처소엔 일본영사 경찰, 청국 경찰이 늘 우글거리며 신규식을 체포하려 했다. 어느 날 변복을 한 왜경이 외출하고 돌아오는 신규식의 옷소매를 잡았다. 이때 골목 어귀에서 신규식의 귀가를 기다리던 대조신이 쏜살같이 몸을 날려 왜경을 덮쳤다. 왜경의 칼을 맞은 대조신이 굽히지 않고 대항하자 왜경은 끝내 도망치고 말았다. 유혈이 낭자한 대조신을 본 신규식이 깜짝 놀라 외쳤다.

"이 사람아, 그러다가 큰일 나겠네."

"선생님이 잡히면 우리 청년들을 누가 돌봐줍니까?"

대조신은 아무렇지도 않다는 듯 아픈 상처를 어루만졌다. 신규식은 청년들과 함께 울고 웃었다. 이러한 그의 생활태도와 정신이 청년들을 감동시킨 것이다.

손문의 오른팔 진기미의 피살

한편, 1916년 5월 18일에는 생사를 함께했던 중국인 동지 진기미가 암살 당하는 사건이 일어났다. 진기미의 처소에 뛰어든 괴한이 불문곡직하고 총을 휘둘러 진기미의 안면과 두부에 난사한 것이다.

상해의 요소요소엔 즉각 경비가 삼엄하게 펼쳐졌다. 골목마다 기마경찰이 눈을 번득이며 깔려 있었고, 밀정들은 주민의 동정을 일일이 체크하고 있었다. 이것은 마지막 발악을 하는 원정부 당국이 진기미의 암살로 인한 민중봉기를 두려워해서 취한 조치였다. 원정부는 기회가 있을 때마다 손문 일파의 암살을 노렸다.

원세개 일파가 진기미의 신민리 은신처를 알아내어 자객을 보내 암살한 것이다. 진기미는 손문의 오른팔 격인 일급 혁명이론 가요, 상해도독을 지낸 인물이다. 이 암살소식은 삽시간에 입에서 입으로 퍼졌다.

프랑스 조계 신규식의 귀에도 이 소식이 금방 전해졌다. 그의 얼굴은 흙빛이 되었다. 그러나 의외로 그는 침착하게 일어나서 중국옷을 꺼내 입고 외출을 서둘렀다. 대조신이 신규식의 앞을 가로막았다.

"한 발짝도 못 나가십니다. 경비가 삼엄합니다."

"살아서는 이름을 같이하고, 죽어서는 한 곳으로 돌아가자生與齊名 死與同歸고 약속했다."

"프랑스 조계만 벗어나시면 금방 체포됩니다."

신규식은 대조신의 팔을 떨치고 쏜살같이 밖으로 나갔다. 대조신도 그 뒤를 황급히 따랐다. 신민리 어귀에서 군인들이 총칼을 번쩍이며 길을 막았다. 총에 꽂은 칼이 신규식의 가슴을 겨누었다.

"죽은 영사 선생은 내 둘도 없는 친군데 잠깐 조문하고 나오겠네. 자네는 친구가 죽었는데 모르는 척하겠는가?"

신규식은 병졸들의 대답도 듣지 않고 총부리를 한 팔로 밀치면서 골목으로 들어갔다. 진기미의 시체는 피투성이가 된 채 목상 위에 아무렇게나 눕혀져 있었다. 시체를 끌어안은 신규식의 호곡은 보는 이로 하여금 눈시울을 적시게 했다. 문자 그대로 혈루였다.

"장하도다 영사! 살아서는 영웅이요, 죽어서는 신령이 되시오!"

신규식은 진기미의 시체를 돌아보며 무겁게 발길을 돌렸다. 이때까지 진기미의 죽음을 듣고도 아무도 조문 오는 사람이 없었으며, 가족까지도 접근하지 못했다. 생사를 걸지 않고는 엄두도 못 내는 일이었다. 이 소문이 상해의 거리에 파다하게 퍼졌다. 무사히 처소로 돌아온 신규식은 꺼지게 한숨을 쉬면서 "창해횡류 장성홀운滄海橫流 將星忽殞"(바다가 거꾸로 흐르고, 큰별이 갑자기 떨어졌구나)이라고 뇌었다.

'창해횡류'란 당시의 중국 사정을 뜻한 것이다. 그는 진기미가 암살되기 며칠 전 그의 은신처를 방문했다.

"예관 선생, 내가 경영하던 『민성총보』의 기계가 아직도 남아 있습니다. 약간 수리하면 귀국의 통사慟史나 열사전기 및 잡지를 발행하기엔 별 불편이 없을 것입니다. 거년去年에도 거절하셨는데, 이번에는 거절하지 마십시오. 무용지물입니다."

"우리의 전사나 전기를 남의 힘을 빌려 간행한다면 이중의 수치가 되겠습니다. 뜻은 감사합니다만, 저를 곤혹하게 만들지 말아주시오."

"허허 참, 한데 우리 자주 만나기가 힘들겠습니다. 이렇게 감시가 심하니 말입니다."

"부디 몸조심하십시오."

이것이 두 사람이 나눈 마지막 대화였다. 신규식은 진기미가 암살되기 하루 전인 5월 17일 인편으로 그의 편지를 받았다(내용미상). 진기미가 암살된 열흘 후쯤 원세개 또한 죽었다. 중국의 근대화를 완강히 거역하던 원세개, 그도 한 줌 흙으로 돌아간 것이다.

『진단』을 통해 한국독립 역설

뒤이어 7월에는 여원홍黎元洪이 대통령이 되었다. 신규식은 아픈 가슴을 달래며, 한·중의 역사적 관계와 현 한국과 중국의 제반정세 및 중국이 앞으로 대처해 가야 할 길을 밝히는 중요한 외교문서를 초했다. 「만언장서」이다. 이 「만언장서」를 여원홍과 단기서段基瑞에게 보냈다. 이것을 받아 본 여원홍과 단기서는 그 해박한 학식과 정연한 논리에 감복했다고 전한다.

1918년에 들어 세계정세는 급격하게 변동했다. 독일군이 밀리고 연합군의 승리가 거의 확실해진 1월에, 미국대통령 윌슨은 14개조의 평화의견서를 발표했다. 이 14개조 중 민족자결원칙의 항목이 들어 있다는 미확인 보도를 접한 신규식은 때가 왔다는 판단을 내렸다. 그는 한국 독립운동의 구체화가 목전에 닥친 것이라 직감한 것이다.

신규식은 두 통의 편지를 썼다. 하나는 길림에 있는 박찬익 등 대종교 관계인사들에게 보내는 편지이고, 다른 하나는 중국 지사인 여천민呂天民에게 보내는 것이었다.

길림에 보낸 편지는 세계정세를 얘기하고 한국 독립의 시기가 성숙했음을 지적하면서 만주 일대의 인사들이 모여 독립선언을 할 것을 권유하는 내용이었다. 뒤에 그곳에서 대종교 인사들인 여준, 박찬익 등이 중심이 되어 무오독립선언을 발표했다. 이 무오독립선언에는 동삼성 일대의 한국 독립지사 39명이 참여했다고 하며, 강점 이후 최초의 독립선언이었다는 점에서 유명하다.

여천민에게 보낸 편지는 잡지를 발간하고자 하니 발행허가와 아울러 재정적 지원(후일 갚겠다는 단서를 붙인 것임)을 요청하는 내용이었다. 그는 박은식과 함께 동분서주하여 다소의 자본을 확보, 9월에 제1호를 냈다. 『진단震壇』이라는 제목으로 타블로이드판 6면 정도로 잡지와 신문의 성격을 겸한 반월간제 순한문 간행물이었다.

『진단』은 일본이 세계대세를 외면하고 한국 독립을 인정하지 않는다면 열강의 지탄을 받아 고립을 면치 못할 것이라는 내용을 주로 담았다. 또 강점 이후 일제의 학정을 낱낱이 폭로하면서 중국의 배일운동을 자극하기도 했다. 『진단』은 중국을 비롯해 만주·국내 및 일본에까지도 우송되었다.

『진단』을 내놓은 신규식은 중국 각 신문기자들을 초대하여 한국독립을 역설하고, 상해에 있는 외국인을 초대하여 한국 독립운동을 위한 국제여론화를 꾀했다. 이 『진단』은 박은식, 신규식 등이 주로 집필했고, 민제호閔濟鎬, 민필호 형제와 윤보선, 김원식金元植 등이 공정을 맡았다. 나중에는 박찬익이 집필과 공정을 거의 도맡다시피 했다.

이때 신규식의 사생활은 끼니를 거를 정도로 말이 아니었다. 아침식사로 우유 한 컵, 계란부침 하나로 만족하는 그가 이것마저 거르는 때가 많았다 하니 궁색의 도를 짐작할 수 있다. 이를 본 윤보선은 부친이 매달 부쳐오는 40여 원의 돈을 전부 신규식의 생활비로 썼다. 윤보선은 이 해 6월에 상해로 건너와서 신규식과 함께 기거를 같이하고 있었다.

신규식과 윤보선의 부친 윤치소는 남다른 사이였다. 실업(광업회사(廣業會社))에 같이 종사했고, 교육사업(중동학교(中東學校))에도 같이 힘썼다. 윤보선은 1921년 봄 신규식의 지시를 받고 영국에 갈 때까지 신규식의 생활을 도맡아 했다. 무오독립선언이 이루어지고 『진단』이 빛을 본 뒤인 1918년 11월, 드디어 세계대전이 종결되었다. 윌슨은 대독강화조약의 기초안건으로 14개조의 원칙을 구체화시켰다. 그 중에는 "각 민족은 그 정치조직이나 귀속을 다른 민족의 간섭 없이 스스로 결정·선택해야 한다"는 민족자결주의 원칙이 들어 있었다.

신규식은 곧 '한국 독립에 관한 민족적 총의를 세계에 표명'할 것을 결정했다. 행동의 해는 왔다. 1919년 기미년, 한일합병이 된 지 햇수로 9년이 되는 해였다. 망명할 때 신규식은 10년을 독립 준비기간으로 잡았다.

신정의 기분이 채 가시지 않은 어느 날, 신규식은 명덕리 처소로 상해에 거주하는 동제사 회원들과 청년들을 불렀다. 이 자리에서 그는 국내외 정세를 설명하고 이제 직접적인 행동에 들어가야 한다고 역설했다. 그것은 동제사의 전위 역할을 할 수 있는 청년단체를 조직하는 것과 파리강화회의에 대표를 파견하는 것이라 말했다.

이리하여 서병호, 여운형, 선우혁, 이광수, 한진교 등을 주축으로 한 청년 50여 명이 신한청년당을 조직했고, 파리강화회의 대표로 김규식을 선출했다. 이 강화회의에 한국 독립에 관해 열강의 원조를 요청하는 전보를 '신성'의 이름으로 발송했다. 하얼빈에 있던 김규식은 급거 상해로 와서 신규식과 몇몇 동지들이 마련해준 여비와 독립청원서를 지니고 파리로 출발했다.

3·1운동의 숨은 연출자

김규식을 파리로 보내고 난 신규식은, 곧이어 인내심이 강하고 행동이 민첩한 청년 몇 명을 따로 불렀다. 만약 한 사람이 체포되면 다른 계획이 탄로날까봐 개별적으로 부른 것이다. 신규식은 첫 번째로 선우혁, 신건식, 방효상 등을 불렀다(3·1운동관계는 일제 고등경찰이 내사한 「조선독립운동에 관한 비밀정보」 중 '상해가정부의 조직과 활동' 항목에 비교적 정확히 기록되어 있음. 1967년 2월호 『신동아』 권말 부록 수록).

신규식은 백지에 염수를 찍어서 쓴 친필 편지를 헌 책장 속에 끼워서 주었다. 염수로 쓴 글씨는 불에 쬐면 글씨가 나타난다. 그 편지 내용은 아래와 같다.

……제는 이미 두 형들에게 파리강화회의에 가서 한국 독립을 호소할 것을 청했으니, 제형들은 모름지기 때를 맞추어 국내에서 우리 겨레의 전국적 민중운동을 일으켜 일본 통치에 반대하고 독립을 요구한다는 굳은 결의를 표시하여 국제적으로 선전토록 해주십시오.

신규식은 선우혁에게 힘차게 말했다.

"선우군은 서북인사들과 친분이 두텁다지. 특히 이승훈, 양전백梁甸伯, 길선주吉善宙 등 기독교인사들 하고. 그쪽은 자네 밖에 수고해줄 사람이 없네."

신규식은 편지가 든 책을 건네주었다.

"평양을 중심한 시위운동을 부탁하는 내용일세. 가능하면 독립자금도 마련해 보도록. 무사히 사명을 마치고 돌아오기를 바라네."

신규식의 밀령을 받은 선우혁은 2월 초순경 무사히 선천에 도착해서 양전백을 만나고, 이어 곽산에서 이승훈, 평양에서 길선주를 만나 사명을 완수했다.

신건식과 방효상은 손병희와 이상재에게 파견했다. 이들 두 청년도 임무를 무사히 마쳤다. 그리고 신건식은 내외종간인 송달용宋達用을 시켜 시골집을 판 200여 원의 군자금을 백씨로부터 얻었다. 신건식은 부친이 작고한 지 얼마 되지 않았으나, 빈소에도 가보지 못하고 신의주까지 왔다가 체포되고 말았다. 신건식은 사지가 뒤틀리는 고문에도 자백을 하지 않아 1년 뒤 무혐의로 석방되었다.

신규식이 그 다음 부른 청년은 조용운이었다.

"용운군! 자네는 이 밀서를 가지고 동경으로 가서 우리 유학생들이 독립선언을 하도록 부탁하게. 한국 학생이면 이 뜻을 누가 이해 못하겠는가? 어서 떠나게. 자네를 뒤따라 이곳 청년 몇 명이 또 건너갈 걸세."

조용운은 즉시 동경으로 떠났다. 최팔용崔八鏞을 중심으로 한

동경 유학생들은 협의를 거듭한 뒤, 2월 8일에 「민족대회소집청원서」, 「독립청원서」 등을 일본 각계에 보내는 2·8선언을 했다. 이 선언이야말로 국내 3·1운동 발발에 횃불 구실을 했다.

그 다음에 신규식은 정원택을 길림에 있는 박찬익에게 보냈다. 박찬익에게는 서북간도와 러시아령의 동지들과 함께 국내의 일대 시위운동에 협력하면서 무력항쟁을 벌이라는 지시를 했다. 신규식의 서신을 받은 박찬익은 여준呂準의 집으로 조소앙, 김좌진, 박관해朴觀海 등 10여 명의 지도인사들을 초대해서 의견을 물었다.

"예관의 부탁이 시기가 성숙했으니 일대 무력항쟁을 벌이라는데 여러분의 의견은 어떻습니까?"

"그렇지 않아도 항일투쟁이 근래 이렇게 침체하면 안 되겠다고 생각하던 참입니다. 좋습니다."

김좌진의 말에 일동은 적극 찬성하고 나섰다. 이리하여 대한독립의금부(북로군정서 전신)가 2월 26일에 조직되었다. 총재에는 여준, 총무 겸 외무에 박찬익, 재무에 황상규黃尙奎, 군무에 김좌진 등이었다.

신규식은 마지막으로 장덕수를 불러 중요한 임무를 맡겼다.

"설산, 설산은 해박한 지식을 지닌 이론가이니 곧 동경과 국내로 가서 독립상황을 관찰해 보게. 앞으로 효과적인 외교와 독립투쟁 방법을 알아보라는 말일세."

"예관 선생님의 뜻은 잘 알고도 남음이 있습니다. 그렇지 않아도 일본에 가서 유학생들과 거사하려던 계획이었습니다."

장덕수는 일본을 거쳐 서울로 향하는 도중 2월에 인천에서 체포되어 3·1운동도 보지 못한 채 서대문감옥에 영어의 몸이 되었다.

청년들에게 임무를 맡겨 보낸 신규식은 이어 미국에 있는 이승만에게 편지를 썼다. 파리강화회의에 대표를 파견했으니 이승만도 파리로 가서 각국 대표들에게 한국 독립을 역설함이 어떻겠는가 하는 의견이었다.

3·1운동은 기독교계 이승훈과 천도교계 손병희의 합동계획이 열매를 맺어 고종 황제의 인산을 기해 일제히 봉기하는 시위운동으로 확산되었다. 5천 년 역사상 처음 있었던 거족적인 독립투쟁이요, 애국운동이었다. 3·1운동이 전적으로 신규식의 활동에 의해 이루어졌다고 말할 수는 없을지 모르나, 그의 활동이 큰 계기를 가져다 주었음은 사실이다.

오세창은 "3·1운동은 예관에 의해 점화되었다."(『한국의 인간상』)고 썼다. 당시 일경의 비밀정보에도 "이 소요를 유발시킨 데에는 상해 거주 불령선인들의 선동에 크게 힘입었다고 말할 수 있을 것이다. 소요의 진원지가 상해가 아닌가 하는 의심도 든다."(『신동아』 1967년 2월호)라고 기록하고 있다.

바쁜 나날을 보낸 신규식은 조카인 신필호申弼浩에게 연락하여 처자를 데려오도록 했다. 조씨 부인과 장녀 명호, 장남 상호를 맞은 신규식은 10년 만에 다시 가정을 꾸렸다. 그는 열일곱 살의 과년한 딸 명호를 비서처럼 데리고 있던 민필호와 짝지어 주었다.

상해임시정부의 태동과 파벌 조짐

3·1운동 직후 상해의 교민사회는 아연 활기를 띠었다. 국내는 물론 만주·러시아령과 미국에서 독립지사들이 밀어닥치고 있었기 때문이다. 300여 명에 지나지 않던 교포가 1월에 들어 1천여 명에 달했다. 3·1운동으로 세계의 동정이 한국에 쏠리고, 금방 독립이라도 될 것 같은 기분에 들떠 있었다. 봄빛이 도는 상해는 이제 한국 독립운동의 본거지가 되었다.

신규식은 밀려드는 독립지사들을 한데 묶을 단체를 구상했다. 그래서 신석우와 여운형 등에게 상해 고려교민친목회를 조직하도록 했다. 이 모임에서 회장에 신석우, 총무에 여운형이 선출되었고, 300여 명의 교포가 모였다. 이어 비록 등사로나마 『아등의 소식』이라는 신문을 발행해서 배일선전과 한국독립을 외치게 됐다.

신규식은 박찬익, 여운형, 선우혁, 서병호, 한진교 등 청년그룹과 국내에서 온 현순玄楯, 손정도孫貞道 등과 함께 임시정부조직에 관한 논의를 했다. 이 일은 원로격인 박은식, 이시영, 이동녕 등에게 이미 내락을 받아놓은 터였다. 이 일을 추진하면서 신규식이 부닥친 벽은 우리 동포들의 고질적인 파벌의식과 지방색과 불순한 출세욕이었다. 대다수의 독립지사들이 사심없이 임정 창립을 위해 헌신하고 있는 마당에 일부 인사들은 자파세력의 확장에 혈안이 되어 있었고, 감투 하나를 얻어쓰기 위해 의리를 헌신짝처럼 버리고 별별 해괴한 짓을 하는 일이 벌어졌다.

　　3·1운동 전과는 달리 국내나 미주 등지의 교포들이 많은 독립
자금을 보냈지만 어느 특정인의 주머니에 들어가거나 자파 세력
에게만 뿌려지는 일이 가끔 일어났다. 어느 인사는 국내 각계에
서 모아준 30여 만 원의 막대한 독립자금을 공적인 일에는 한푼
도 내놓지 않고 자파에게만 유용하기도 했다. 신규식의 마음은
암담했다. 그는 이시영과 이동녕을 방문했다. 세 사람은 기호파,
서북파 이야기도 나누었고 신민회 계열과 대한협회 계열에 대해
서도 의견을 나누었다.

　　말을 마치고 일어서는 신규식의 발걸음은 맥이 빠져 있었다.
이후 신규식은 쇼크와 피로가 겹쳐 몸져눕고 말았다. 며칠 뒤엔
주위의 권고로 조계 내의 어느 병원에 입원했다. 4월 8일 밤 조
성환, 박찬익, 조소앙, 조완구, 선우혁, 신석우 등이 병원으로 그
를 찾아가 9일에 있을 임시 의정원회의에 참가해줄 것을 간곡히
부탁했으나 그는 끝내 거부했다.

　　"파벌과 사욕을 버리지 않는 한 나는 참여할 수가 없습니다."

　　박찬익이 안타까워하며 말했다.

　　"한성정부가 수립되었다는 소식입니다. 거기에 예관 형님께서
법무총장으로 선출되었답니다."

　　조성환이 말을 이었다.

　　"한성정부의 각료명단을 참작하자는 의견도 있고 하니 예관이
각료 하나를 맡아보아야 일이 원만히 진척되겠소. 불편한 몸이
라도 일어나시오."

　　"나는 감투욕심이 없습니다. 되어가는 사정이 너무 딱하다는

말입니다. 형들이 힘쓰시고 나는 당분간 수양하겠습니다.”

이들은 신규식의 고집을 꺾지 못하고 발길을 돌렸다. 이리하여 9일부터 임시 의정원회의가 상해의 주인 신규식이 참석하지 않은 채 김신부로金神父路에서 그 막을 올렸다. 다음날인 10일까지 속개된 이 회의에서 조소앙이 기초한 임시헌장 10조가 공포되고, 이승만을 수반으로 하는 내각이 조직되었다. 안창호, 최재형, 이동휘 등 피선된 각원들 중 상해에 있는 사람이라곤 신규식과 이시영뿐이었다.

병석에 누워 이 소식을 들은 신규식은 매사가 못마땅했다. 이미 조직됐다는 한성정부와 러시아령의 국민의회 위에 또 하나의 상해정부가 조직됐다는 것은 대외적으로 우리 민족의 분열상을 노출시키는 것이고, 그만큼 힘을 약화시키기 때문이었다. 이 달 4월 28일, 제4회 의정원회의에서 그를 부의장으로 선출했으나 이에 응하지 않다가 7월 14일 사직하고, 그 달 16일에는 의원직마저 사직했다.

병원에 누워 있는 신규식은 고독했다. 자기가 데리고 있던 청년들도 이제는 옛날의 그들이 아니었다. 그는 이 현실을 바로잡기 위해서는 우선 자금확보가 선행되어야 한다고 생각했다. 우선 정원택과 정환범을 불렀다. 망명하기 전 서울의 갑부인 정두화가 필요할 때 자금을 댈 용의가 있다고 한 약속을 생각한 것이다. 또 예산의 정명선(구한말 판서였던 정낙용〔鄭洛溶〕의 아들)도 이따금 자금을 보내주는 터이니 사람을 보내볼 속셈이었다. 신규식은 정원택에게 밀서를 주어 정두화에게 보냈다.

그러나 신규식의 청을 받은 정두화는 냉담했다. 상해임시정부가 군주제를 채택하지 않고 공화제를 채택했기 때문에 협조할 수 없다는 것이다. 설상가상으로 정원택이 체포되어 이 일은 불발로 그치고 말았다. 신규식은 또 정환범을 정명선에게 보냈다. 송달용과 함께 찾아간 정환범을 맞은 정명선은 쾌히 승낙했다. 정명선은 후에 상당한 액수를 인편으로 보내주었다.

임시정부의 국무총리 대리로 광동정부 방문

안창호가 미국으로부터 상해로 건너온 5월에 신규식은 이시영, 이동녕과 함께 항주 고려사에 가서 정양하고 있었다. 상해에 도착한 안창호가 현순에게 물었다.

"상해의 사정이 그렇게 복잡하다니 이거 큰일이오! 신규식은 무엇하지요?"

"도산 선생이 오면 또 무슨 파가 생길 테니 임시정부 일은 손 떼겠다고 말하면서, 성재·석오와 함께 항주로 갔습니다."

내무총장으로 선출된 안창호는 곧 국무총리 대리까지 겸직하면서 임정의 내분 수습에 전력했다. 국민의회·한성정부 등 3개 정부의 통합을 위해서 진력한 결과 이동휘의 동의를 얻어 9월 11일에 그 실현을 보아, 국무총리제의 헌법을 대통령제로 개정하고, 내각은 한성정부 명단을 중심으로 해서 짰다.

대통령-이승만　　　　내무총장-이동녕

국무총리-이동휘　　　　외무총장-박용만

군무총장-노백린　　　　학무총장-김규식

재무총장-이시영　　　　교통총장-문창범

법무총장-신규식　　　　노동국총판-안창호

법무총장으로 선출된 신규식은 이시영, 이동녕과 상의하여 취임할 것을 표명하고 상해로 돌아와 10월 2일 취임식을 가졌다. 3개 정부가 하나로 통합된 자체가 우선은 파벌을 다소 누그러뜨린 듯했기 때문이다.

그러나 임정의 내분과 파벌이 아주 종식된 것은 아니었다. 이른바 문치파와 무단파, 온건파와 급진파가 갈라졌고, 1920년 11월 이승만이 미국에서 올 즈음에는 내분이 더욱 고조되어 있었다.

무단파인 이동휘 계열은 끝내 외교방법을 통해 독립을 쟁취하려는 이승만에게 반기를 들고 러시아령으로 가버렸다. 그 후임으로 이동녕이 잠시 국무총리 대리로 취임했다. 그래도 내분이 종식되지는 않았다. 결국 이승만도 미국으로 다시 돌아갔다. 이래서 신규식에게 국무총리대리라는 중책이 지워졌고, 5월 26일엔 외무총장까지 겸임하게 되었다.

이때 임정의 궁상은 말이 아니었다. 직원들의 월급은 고사하고 비품 하나도 제대로 구입하지 못하는, 그야말로 가난한 나라의 망명정부였다. 한때 대목장처럼 흥청흥청하던 임정이 이렇게 구차스럽게 되자 신규식에게 가난한 정부의 살림이 온통 떠맡겨진 것이다.

1921년 10월, 임정 국무회의는 광동에 있는 손문정부에 임정의 승인을 위한 사절단을 보내기로 하고 정사 신규식, 부사 박찬익을 선출했다. 이때 마침 손문정부의 북벌 서사식誓師式이 있었기 때문에 이에 대한 우리 정부의 축의도 함께 전하자는 배려도 있었다. 신규식은 광동으로 출발했다. 박찬익은 후에 별도로 출발했다.

손문은 이때 거듭된 혁명의 실패로 광동성만을 겨우 유지하며 호법護法정부를 지키고 있었다. 호법이란 신해혁명 당시 입헌공화제의 약법約法(일종의 헌법)을 수호한다는 뜻이었다. 신규식은 1주일 만에 광동에 도착하여 옛 친구인 당계요, 여천민, 호한민 등의 따뜻한 영접을 받았다. 상해 시절 망국의 유민으로 사귀던 친구들인데 이제 망국정부지만 어엿한 한 나라의 대표로 만나게 되니 신규식의 감회는 그만큼 컸다.

일행이 손문을 만나기 위해 대총통부 관저 앞에 이르렀을 때, 손문은 황색 중산복을 입고 문 앞까지 나와 기다리고 있었다. 손문은 온후한 미소를 띠고 앞장서서 일행을 응접실로 안내했다. 손문은 호한민과 나란히 앉고 신규식은 민필호와 나란히 앉았다.

"제가 이번에 온 목적은 대총통께서 우리 임시정부를 승인하여 주시고 평등한 입장에서 우리나라 광복운동을 원조해 주기를 요청하는 데 있습니다. 또 우리 정부가 내놓은 호혜조약 5관五款을 가져왔으니 재가해 주심을 바랍니다."

신규식은 조약의 전문을 손문에게 건네주었다. 손문과 호한민은 한동안 조약문을 들여다보았다.

　1. 대한민국 임시정부는 호법정부를 중국 정통의 정부로 승인함.
　　아울러 그 원수와 주권을 존중함.
　2. 대중화민국 호법정부가 대한민국 임시정부를 승인할 것을 요청함.
　3. 한국 학생의 중화민국 군관학교 수용 허가를 요청함.
　4. 차관 500만 원을 요청함.
　5. 조차지대를 허가하여서 한국 독립군 양성에 도움이 되게 하기를
　　요청함.

읽기를 마친 손문은 한동안 생각에 골몰하다가 입을 열었다.

"목하 북벌작전이 성공되지 못하고 국가가 아직 통일되지 못하여 겨우 광동 한 성의 역량을 가지고 한국 광복운동을 원조하기에는 실상 곤란합니다. 그러므로 귀 정부의 제4조·제5조의 요구는 현재 불가능합니다. 북벌군이 무한武漢·삼진三鎭을 점령한 후라야 가능할까 합니다."

이외 1·2·3항은 물론 전폭적인 찬동을 받았다. 신규식은 사실 다섯 조항을 내놓으면서 차관과 조차지 문제는 기대하지 않았다. 단지 앞날을 위한 원대한 포석에 지나지 않았던 것이다. 손문 정부는 당시로선 북벌을 위해 일전 한푼이 아쉬운 판국이었고, 조차지도 함부로 허락할 수 없었다. 신규식은 손문에게 또 한 가지를 제의했다.

"한·중 양국은 앞으로 계통적 외교연락이 있어야겠습니다.

우리 임시정부 성립 이전에 귀국과의 외교는 사적 관계에 지나지 않았습니다. 이제 마땅히 정식 외교관계가 있어서 공사의 혼동을 피하여야겠습니다. 각하의 의견은 어떠하신지요?"

"퍽 합리적인 말씀입니다. 잘 처리토록 하겠습니다. 금후에 귀 정부가 대표를 파견하여 광동에 상주시켜 주십시오. 귀대표의 여비와 경비는 모두 우리 정부가 책임지겠습니다."

이들의 대화는 두 시간이 넘도록 화기애애하게 진행되었다. 피차의 생활과 건강을 염려하기도 하고 지난날을 회고하기도 했다. 한 사람은 총통이고 또 한 사람은 망명정부의 대표이긴 했으나, 이들의 우정은 변함이 없었다. 그날 저녁 손문이 마련한 환영파티가 호한민, 오조추伍朝樞 등 70여 명이 모인 가운데 성대하게 베풀어졌다.

12월 18일 북벌 서사식에 한국 특사를 정식으로 접견한다는 통지가 왔다. 신규식은 검정색 예복을 입고 식장인 동교장東較場(오늘날 열사능원 앞의 광장거리)으로 갔다. 식장엔 당기와 국기가 큼직하게 걸려 있고, 갖가지 꽃들이 장식되어 있었다. 총통부 전체 각료와 중·참의원 전원, 육·해군 장교 등 1천여 명이 정렬해 있었다. 장엄하고 찬란한, 그리고 용기와 희망이 넘치는 북벌 서사식장이었다.

신규식은 안내를 받아 손문 앞으로 갔다. 손문은 정중하게 한국의 특사와 악수를 나누고 국서를 받았다. 요란한 박수가 식장을 떠내려보낼 듯이 울렸다. 신규식은 감격에 벅차기보다 비감스런 감정이 앞섰다. 정연한 정열로 씩씩하게 서 있는 장교들을 돌아본 순간, 신규식의 눈에서 한 줄기 눈물이 흘렀다.

'우리의 군대가 조국 독립을 위해 이렇게 진군한다면 얼마나 좋은 일이겠는가?'

신규식이 흘리는 눈물의 뜻을 손문은 알아차렸다. 손문은 만면의 미소로써 신규식을 위로했다. 신규식은 손문과 작별의 악수를 나누고 물러나왔다.

신규식의 광동정부 방문은 임시정부 수립 뒤 실질적인 최대의 성과였다. 그동안 파리강화회의다, 미국이다 해서 북만 요란스럽게 울렸지 이렇다 하게 실현된 것은 하나도 없었다. 상해로 돌아온 신규식은 곧 박찬익을 광동 상주대표로 파견하고, 이어 각 군관학교에 한국 자제들을 보내기에 여념이 없었다.

불식·불어·불약의 자결법

신규식이 이끄는 임시정부는 한때 침체를 벗어나 활력을 되찾는 듯했다. 그러나 심화된 내분은 쉽사리 가라앉지 않았다. 창조파와 개조파의 다툼은 그칠 줄 몰랐다. 신규식은 안창호, 이동녕 등 뜻이 맞는 동지들과 내분종식을 위해 전력을 다했으나, 한때 잠잠하던 무단파는 또다시 임정파괴작전으로 나왔다. 이로 인하여 1922년 1월 의정원에서 이동휘, 김립 등 무단파에 대한 성토문이 발표되었고, 대거 사퇴소동이 벌어졌다. 또 양파 사이에 혈전의 참극까지 일어났다. 임정에 대한 국내외의 신망과 대외적인 위신이 말이 아니었다. 신규식에게까지 비난의 화살이 퍼부어졌다.

"예관은 모화주의다. 중국에 의지해서만 독립운동을 하려는 나약한 인물이다."

이러는 사이 신규식에게 또 하나의 큰 불행이 밀어닥쳤다. 중국의 손문, 장개석 등 혁명계열의 요인들이 쫓기는 몸이 되어 상해로 도망 온 것이다. 북벌이 단행된 지 6개월 만인 이 해 6월, 손문의 유력한 동지요, 당내 실력자의 한 사람인 진형명陳炯明이 혜주에서 반기를 들었다. 그는 혁명군과 일대 접전을 벌인 끝에 승리를 거두고 손문 등 혁명세력의 거두들에게 체포령을 내렸다.

이 일은 비단 손문 개인이나 중국의 불행만으로 그치는 일이 아니었다. 신규식이 이끄는 우리 임시정부는 손문 정부의 많은 지원을 받고 있었다. 앞으로의 임정 운영도 그들의 절대적인 협조 아래서만 가능하다고 믿고 있던 신규식에게는 치명적인 타격이었다.

'중국의 불행이 어이하여 이다지도 심하냐. 중산 선생이 이룩하려는 꿈과 혁명사업은 이제 한 움큼 거품으로 돌아가고 말았구나. 비단 중국의 불행에만 그칠 것인가, 한국의 큰 불행이구나.'

신규식의 상심은 걷잡을 수가 없을 정도로 악화되었다. 이렇게 넋을 잃고 있을 때, 그의 상심을 더욱 부채질하는 사건이 연달아 일어났다. 6월 10일, 제10차 임시 의정원회의에서 임시 대통령 이승만과 국무위원에 대한 불신임안이 통과된 것이다. 신규식은 드디어 병석에 드러눕고 말았다. 마치 강풍 앞에 비쩍 마른 나무가 쓰러지듯이.

'내가 누구를 속이겠는가, 하늘을 속인단 말인가?'

신규식의 평소 지병이던 불면증은 점점 심해졌고, 식사의 양도 절반으로 줄어들었다. 박찬익이 문병을 갔지만 신규식은 아무 말이 없었다. 그저 창 밖만 하염없이 내다보고 있을 뿐이었다.

"형님, 이렇게 위중하셔서야 되겠습니까? 입원하십시오."

그는 묵묵부답이었다.

"후사는 저희들에게 맡기시고 안정하십시오."

"그렇게 하지."

이 말이 신규식 생애의 마지막 말이 될 줄은 박찬익도 몰랐다. 이후 신규식은 동지 누구와도 만나지 않았고, 아무 말도 세상에 남긴 것이 없다.

여름도 무르익은 8월 어느 날, 신규식은 창가에 서서 하염없이 고국의 북쪽 하늘을 바라보았다. 두 볼에는 깊은 주름살이 패이고 안색은 종잇장처럼 창백했다. 훅훅 더위를 끼얹는 바람을 안고 신규식은 독백하고 있었다.

"나는 아무 죄도 없습니다. 그럼 잘 있으시오. 친구분들…… 나는 가겠소. 여러분들, 임시정부 잘 간직하시고 2천만 동포 위해 힘써 주시오. 나는 가겠소……."

신규식은 죽기로 결심한 것이다. 한 목숨 흔연히 바쳐 동지들 사이의 사상적인 알력과 분파의식을 막는 자극제가 될 수만 있다면 아까울 것이 무엇인가. 자기를 믿고 따르던 애국청년들의 무구한 마음도 선배들의 파쟁의 와중에 휘말리니 초록동색의 격이 되고 말았다. 이런 마음들을 가지고서야 어찌 민족적인 역량을 한데 모으고, 그 힘으로 왜적의 기반羈絆을 깨뜨릴 수 있겠는가. 차라리 목숨 하나 깨끗이 던져 동지들의 마음을 각성시키는 계기를 삼을 수 있다면 얼마나 값지고 뜻있는 죽음이 되랴.

신규식은 이날부터 불식·불어·불약, 3불三不의 자결법으로 밀고나갔다. 아우 건식이 소식을 듣고 달려왔을 때, 이미 그의 얼굴표정은 바람잔 호수처럼 평화로웠다. 건식이 식사를 권고했지만 신규식은 아무 반응없이 천장 한 곳에 눈의 초점을 모으고 있었다.

이즈음 고향 계산리에서, 그의 모친 최씨 부인이 작고했다는 부음이 전해졌다. "내 아들, 내 아들"하며 망명한 두 아들을 부르다가 임종했다는 소식이었다. 친지들은 이 사실을 병중의 신규식에게 알려주지 않았다. 아사 지경에 이른 신규식을 보다 못한 신건식, 박찬익, 민필호 등 친지들이 항문으로 링거 주사를 놓았다. 신규식의 눈초리는 노기를 띠었다. 철저한 불식·불어·불약의 25일은 드디어 끝났다.

1922년 9월 25일(음력 8월 5일), 그는 마지막 남은 목숨을 호흡단절법으로 끊고 세상을 버렸다.

"정부, 정부……."

이 가느다란 소리가 숨을 거두는 그의 목에서 새어나왔다. 단식 25일 만에 처음 나온 말이요, 세상에 남긴 마지막 말이었다. 한 줄기 소낙비가 쏴 소리를 내며 창 밖으로 지나갔다.

향년 마흔셋. 12년 망명생활의 종장은 이렇게 끝났다. 손문,

이시영 등 생전의 옛 동지들의 애끓는 만장을 앞세운 그의 유해
는 프랑스 조계 홍교로虹橋路 만국공묘에 안장됐다.

겨울 고갯마루의 한 그루 소나무冬嶺孤松

이 말은 그를 그리는 이승만의 헌사이다.

장지필
형평운동을 주도한 인권운동가

백정에 대한 차별

일제시대 경성부청 호적계에서 자신의 호적등본을 발부받아 나오던 한 청년은 거듭 호적등본을 들여다보았다. 청년은 자신의 이름 위에 붉은 색으로 씌어진 '도한屠漢'이라는 글자를 뚫어지게 보았다. 백정놈. 이 청년이 지금 여기에서 얘기하려는 장지필張志弼(1884~?)이다.

장지필이 실제 도살업을 한 백정인지는 확인할 수 없으나, 그의 이력으로 보아 직접 도살업을 하지는 않은 것 같다. 왜냐하면 1894년 갑오개혁 뒤, 종래의 천민이었던 백정의 신분이 해방되었기 때문이다. 갑오개혁으로 사회의 온갖 불평등한 차별을 없애고 백정도 능력만 있으면 관리도 될 수 있고, 자산가도 될 수 있고, 학자나 예술가도 될 수 있다는 것을 보장한 것이다.

1천여 년 동안 사회의 밑바닥에서 온갖 핍박을 받아오던 백정 출신들은 갑오개혁을 통해 새롭게 변신하려고 몸부림쳤다. 그들은 맨 먼저 자녀교육에 열중했다. 남들처럼 자식들을 출세시켜 보려는 의욕에 불탔다. 장지필의 아버지도 아들을 메이지대학 법과에 보냈다. 법과를 나와 고등문관시험에라도 합격하면 영감令監(군수나 검사 판사의 호칭)의 자리를 얻게 되니까.

장지필은 어떤 이유 때문인지 소정의 과정을 마치지 못하고 고국으로 돌아왔다. 그리고 아버지의 자산 덕택인지, 아니면 자신이 놓은 줄인지는 모르겠으나 조선총독부의 관리가 되기로 예정되어 서류를 갖추어 내고자 호적등본을 뗐던 것이다.

그런데 뚜렷이 백정이라고 기록되어 있을 줄이야. 그는 식민지 백성으로서 출세가 보장된 총독부 자리를 포기해야 했다. 물론 그도 백정에 대한 사회의 차별관념이 남아 있는 것을 모르는 바는 아니었다. 그러나 법적으로 엄연히 평등이 보장된 백정의 신분이 호적등본에 그대로 표시되어 있을 줄은 몰랐다.

진주에서 형평사 결성

장지필은 그 일로 자기와 같은 처지의 백정들을 위해 헌신하겠다는 새로운 결심을 하게 되었다. 그는 백정의 차별을 철폐하는 형평衡平운동에 뛰어들었다. 그의 활약상은 형평운동을 통해 잘 알 수 있지만, 그의 가정이라든지 생애는 거의 알려진 것이 없다. 다만 위의 사실과 함께 그의 출신지가 서울이라고 짐작할 정도이다.(고려혁명당사건 공판기록)

한편, 진주 태안동에 사는 백정 출신 이학찬은 자산깨나 있는 사람이었다. 그도 자식교육에 관심을 기울이고 있던 중에 진주에 있는 제3야학교에 100원을 기부하고 아들을 입학시켰다. 그러나 아들은 학우들의 픱박은 물론 교사와 주위 사람들의 학대에 못 이겨 결국 학교를 중퇴했다. 할 수 없이 서울로 보내 신분을 숨기고 아들을 어느 학교에 입학시켰는데 거기서도 탄로가 나서 쫓겨나고 말았다.

그러던 참에 진주에 일신고등보통학교가 설립되었다. 이학찬은 학교 신축공사를 도와달라는 요청을 받자 자식의 입학조건으로 백정 70명을 동원하여 신축 일을 도와주었다. 그런데 막상 입학할 즈음에 학교당국은 신축공사 노임을 별도로 지불하고 그의 자녀 입학은 사절했다.

이에 분개한 이학찬은 진주의 청년운동가 강상호와 『조선일보』 진주지국장 신현수에게 사정을 호소했다. 이들 셋은 전국 백정들에게 연락하여 차별의 부당성을 호소했다. 이때 직접 행동을 개시한 인물이 장지필이다. 장지필의 화려한 활동무대가 열린 것이다. 장지필은 전국 백정의 단결을 호소하고 진주의 발기대회에 적극 호응할 것을 촉구했다.

1923년 4월 25일, 전국 사회단체의 축하 격려 전보가 밀어닥쳤고, 전국 각 지역의 백정 대표 80명이 참석한 가운데 진주 태안동에 있는 청년회관에서 창립대회를 가졌다. 여기서 형평사衡平社가 결성되었고 사장에는 강상호가 선출되었다. '형평'이란 수평으로 된 저울대를 뜻한다. 곧 백정도 같은 인간대우를 받아야 한다는 뜻을 담고 있다. 이에 전국의 40만 백정을 대표하여 백정에 대한 차별 철폐, 사원 사이의 친목과 품행방정을 내건 주지主旨와 규칙을 발표했다.

진주에서 형평사가 결성되고 그 본부를 둔 것은 위의 인사들이 주도한 탓도 있지만, 진주에는 백정 350여 명이 집단부락을 이루며 살고 있었고, 그들 가운데 자산가가 상당히 많았기 때문이다. 물론 실질적으로 이론을 뒷받침한 인물은 장지필이었다. 형평사가 결성된 뒤 장지필은 이렇게 천명했다.

사회의 동정으로 형평사가 창립된 것은 무엇이라고 감사한 말씀을 다할 수가 없습니다. 그리고 우리의 운동은 애걸적이요 반항적은 아닙니다. 그러나 우리의 목적은 자못 해방되어 평등대우만 받게 되면 그만이외다. 그 이상 더 바라는 것은 없습니다.

『동아일보』 1923년 5월 20일자

이에 가장 먼저 반응을 보인 곳은 전라도 이리(오늘날 익산)였다. 이리의 백정 29명은 동인회를 조직하고 시가행진을 하며 격문을 뿌렸다.

열광하라 백정계급아!

용감하게 뛰어라 백정계급아!

우리는 다 같은 사람으로서 지난 모든 불합리한 제도에 희생이 되어 오랫동안 긴 한숨, 짧은 탄식과 비분, 흐느낌 속에서 원통하고 억울한 생활을 하여오던 백정이 아닌가? 우리는 횡포한 강자계급에게 밟히고, 깎이고, 발리며 천대를 받아오던 백정계급이 아닌가?

생각하여 보라. 우리는 그 악마와 같은 각색各色 계급으로부터 무리한 학대를 받을 때마다 호소할 곳도 없이 부자 서로 붙들고, 모녀 서로 껴안아 피눈물이 흐르도록 얼마나 울었는가? 우리는 한 번 분기하여 이 골수에 맺힌 설움을 씻어내고, 선조의 외로운 넋을 풀어드리는 동시에 어여쁜 우리의 자녀로 하여금 오는 세상의 주인공이……. 궐기하라 백정계급아! 꺼리지 마라 백정계급아!

『동아일보』1923년 5월 8일자. 한자말과 철자법은 저자가 현대어로 고쳤음.

형평사는 주지와는 달리 대단히 투쟁적이었다. 이런 분위기는 앞으로의 투쟁노선을 놓고 분열하게 되는 조짐이기도 했다.

형평사 조직은 대전·부산 등지와 전국 대처를 거치면서 확대되어 나갔다. 그동안 장지필은 위원장에 추대되었다. 진주에 본부를 둔 형평사는 위원장과 사장의 이원조직으로 운영하게 되었다. 그러나 조직운영 등에서 그 실질적 주도자는 장지필이었다.

1924년 3월, 천안에서 오성찬 등이 주동이 되어 형평사혁신회 발기회를 갖게 되었다. 이것은 곧 진주 형평사의 주도층이 백정의 권익만을 내세우고 민족해방투쟁에는 소홀하기에 형평운동의 방향전환을 도모한 것이다. 많은 반대를 무릅쓰고 혁신회는 새로운 전기를 모색했고, 그 일환으로 자금확보를 위해 피혁공장을 설립하기로 했다. 피혁공장을 설립하여 경제력 확대를 꾀한 혁신파는 잡지를 간행하여 사회의 동조를 얻고 회원의 자각을 일깨우고, 청년회의 발족을 통해 운동에 활기를 불어넣고 학교를 설립하여 백정 자녀의 교육문제를 해결하려고 했다.

이 해 4월에는 서울 도렴동에 형평사 본부를 설치하고 자기혁신을 도모했다. 이때부터 장지필은 서울 본부를 이끌어가게 되었고, 형평운동은 민족운동으로 발전하게 되었다.

그러나 창립 1주년의 기념식을 대전과 서울에서 각기 갖는 분열상을 보였다. 다시 말해서 진주의 강상호, 신현수 등은 창립 당시의 노선을 고수하는 보수파가 되었고, 장지필, 오성환 등은 대중적 기반을 다지는 노선을 택한 것이다. 이렇게 되어 진晉-경京, 또는 남-북으로 형평운동이 분열하게 되었다.

형평사에 대한 탄압과 내분

형평사가 결성되자 진주에서 맨 먼저 탄압이 시작되었다. 진주의 농민 2천여 명은 형평사 해소를 결의하고 소 한 마리를 때려 잡은 뒤 "이제부터 백정에게서 쇠고기를 사지 말자"고 떠들면서 우육불매운동을 벌이고, 이어 40명으로 결사대를 조직하여 산발적으로 형평사를 습격했다. 이들은 북과 꽹과리를 두들기면서 시가행진을 벌였고, "신백정 강상호, 돈에 팔려 백정이 되었다"고 쓴 깃발 따위를 흔들며 소란을 피웠다. 반대운동은 전국적으로 번져 나갔다. 학교에 입학한 백정 자녀를 퇴학시키고, 몽둥이로 백정을 두들겨 패고, 식당에 들어온 백정을 몰아내고, 기생들도 이들이 부르면 응하지 않을 정도였다.

이런 압박 중에서도 가장 두드러진 것이 이른바 예천사건이다. 1925년 8월 9일, 형평사 예천 분사 창립 2주년 기념식 때에 어떤 사람이 예천 시가를 돌아다니며 백정들의 태도가 불손하니 형평사를 습격하자고 선동했다. 그리하여 1차로 농민 500여 명이 형평사를 습격하여 사원을 구타하고 기물을 파손했으며, 2차로 밤중에 농민 1천여 명이 형평사를 습격해 중앙에서 내려온 장지필, 이이소 두 사람을 잡아내 짓밟고 두들겨 팼다.

이 일로 장지필 등은 인사불성이 돼 병원에 입원했는데, "머리·어깨·허리에 중상을 입었으며, 코와 입에서 피가 날 뿐만 아니라 임의로 몸을 움직이지 못하며……"라고 당시의 기록은 전한다. 또 이 농민들은 이이소를 기둥에 결박하여 두들겨 패고 "예전 같이 백정이 되겠다"는 항복을 받아냈다. 이들이 몰려다니며 형평사원들의 집을 때려 부수는 바람에 사원들은 몸을 피해 산과 들에서 밤을 지새웠다.

장지필은 하루도 쉴 틈 없이 뛰어다니며 온갖 수모를 당하며 때로는 목숨이 위험할 정도로 얻어맞기도 했지만 열성적으로 형평사 행사에 다니면서 연설로써 묵은 양반의식을 가진 사람들을 설득했다. 그런데 예천사건 후에 전국의 형평사원과 각 사회단체에서 들고일어났다. 이제 각 단체의 지원이 더욱 많아졌고, 형평사원들의 단결도 더욱 굳어졌다. 오히려 이 사건을 계기로 해서 진주와 서울의 연합전선이 모색되고 강상호와 장지필이 다시 손을 잡고 화해했던 것이다.

1926년이 저물 무렵, 만주 장춘의 동아정미소에서 한 청년이 일본경찰에 체포되었는데, 그의 몸에 기밀서류들이 숨겨져 있었다. 그 서류는 독립운동단체인 고려혁명당의 일건 서류였다. 고려혁명당은 주요 구성원인 양기탁, 오동진 등이 국내의 가장 큰 세력인 천도교와 형평사를 끌어들여 길림의 영남반점에서 창당한 단체인데 결국 청년이 체포됨으로써 정체가 드러났고, 당원들이 속속 잡혀 들어갔다.

형평사원으로 만주 하얼빈에 가 있던 이이소, 유공삼 등이 체포되었고, 국내에 있던 장지필, 오성환 등도 체포되었다. 이때 체포된 15명 중에 형평사원 6명이 포함되어 있었다. 이들은 혁신파로 고려혁명당에 자금을 대기도 하고, 직접 민족해방투쟁에 가담하고 있었던 것이다. 이때 이이소는 징역 7년, 오성환은 징역 4년의 형을 받았고, 장지필은 증거 불충분으로 2년 동안 옥고를 치른 뒤 출감했다. 출감한 장지필은 동지들의 옥바라지에 전력을 다했다.(김영래「형평」참고)

이때부터 형평운동은 새로운 시련을 맞이하게 되었고, 장지필의 행동노선 또한 전환기를 맞게 되었다. 곧 사회주의세력이 형평사에 깊숙이 침투했고, 이어 적극적인 민족해방투쟁을 벌이라는 압력이 가중되었다. 이리하여 1928년에 들어 새 분열이 일어났다. 사회주의 단체와 연합하여 민족해방투쟁을 전개하자는 이동환, 박평산 중심의 급진파와 자주적으로 민족해방운동을 벌이자는 장지필, 김종택 중심의 온건파로 대립하게 된 것이다. 이 대립의 결과, 형평사의 해소론이 대두되었다. 일제의 탄압이 가중되므로 합법적 노선으로는 민족운동을 전개할 수 없으므로 단체를 해산하고 운동을 지하로 전환해야 한다는 것이다.

두 파는 운동선상의 방법을 놓고 날카롭게 대립을 거듭하는 가운데 온건파 장지필이 계속 주도권을 잡았다. 장지필은 급진파 계열인 110개 지부를 제적했고, 이에 맞서 급진파는 해소론을 계속 들고 나오면서 "형평사는 소부르주아적 집단이기 때문에 단호히 해소하고 도부 노동조합으로 전환하여 일반 산업노동조합과 적극적으로 제휴하여 나가자"고 외쳤다(『조선일보』 1931년 3월 28일 및 4월 2일).

그 뒤 1933년 1월부터 7월까지 형평사의 급진파 간부 이동환 등 100여 명이 검거·투옥되었고, 온건파는 청년운동 등의 활동을 통해 이 운동을 계속했지만 결과적으로 형평사는 빈 껍데기만 남은 형편이라 장지필도 이제는 어쩔 수가 없었다. 1935년 4월, 형평사 전국대회를 열고 대동사大同社로 명칭을 바꾸고 형평사는 해체되었다. 이때 장지필은 이렇게 말했다.

당초에 형평운동을 일으킬 때에는 약 10년의 기간을 예상하고 이를 선전·사업·실행의 3기로 나누고 착실히 진행하여 왔는데, 이제는 대체로 이 세 시기를 모두 거쳐서 형평운동은 완성된 것으로 봅니다. 그리하여 이제부터는 대중과 같은 수준에서 그들과 같은 보조로 운동을 전진시킨다는 의미에서 명칭도 새로 고친 것입니다.

『조선일보』1935년 4월 26일

결국 이름이 바뀌면서 형평운동의 내용도 바뀌었다. 그 뒤 대동사는 대전에 본부를 두고 별다른 활동을 펼치지 못했다.

장지필은 처음에는 신분을 타파하려고 이 운동을 벌였고, 중간에는 좀더 큰 호응을 위해 민족운동단체와 연계를 모색하다가 후기에 와서는 본래의 취지 때문에 일제 당국의 간교한 탄압 속에 이 운동을 계속 유지하려고 민족해방투쟁으로의 전환을 반대하는 온건노선을 걸었던 것이다. 그는 백정의 신분차별을 없애려고 온 정열을 바쳤다. 그러나 그 정열에 빠진 나머지 반제 투쟁으로 연결하지 못한 흠이 있기도 했다. 그러나 그는 분명히 인권운동가였고, 또한 선각자였다.

그는 8·15광복 이후 일시 혁신정당에 가담한 것으로 알려졌으나 활동은 미미했고 그 뒤 홍성에서 우육업에 관여하다가 1970년대 중반에 죽었다는 소문이 있다. 그의 장남이 부산에 산다고 하는데 그의 후손들이 어떤 모습으로 바뀌었는지도 궁금하다.

오늘날 백정은 사라지고 축산업자 또는 축산판매업자라 부른다. 형평운동은 신분 불평등을 타파하려는 운동이었으니 노예해방운동과 다를 바가 없다.

진주 출신 작가인 정동주는 남다른 애정으로 대하소설 『백정』(전 10권)을 펴내 독자들의 관심을 끌었다.

안재홍

중도우파로 신민족주의 제창

통합국가 건설의 뜻

해방공간 초기에 민세民世 안재홍安在鴻(1891~1965)은 민족주의 우파계열을 규합하여 '민족적 정치훈련을 최대 목적으로 하고 민족통일운동에 의한 완전 자주독립을 목표'로 조선국민당을 발족시키면서 이렇게 선언했다.

우리는 초계급적인 전 민족적 피압박의 형태에서 항전하여 왔고 다시 전 민족적 해방의 단계에 들어 초계급적 통합국가 건설의 역사적 약속 아래에 있으므로 모든 진보적이요, 반침략·제국주의적인 지주자본가 및 농민, 노동자 등 근로층의 인민들을 통합한 신민족주의의 국가를 창업하며 모두가 함께 일하며 대중이 공생하는

것을 이념으로 하는 계급독재를 지양시킨 신민족주의의 실행을 목
표로 한 정치적·문화적 신기원의 역사를 개창하여야 한다.

이것이 바로 그의 이념적 성향을 요약해 보여주는 대목인데,
이데올로기를 극복하고 민족국가 건설을 최우선적인 목표로 삼
는다는 것이다. 또 모든 계급을 망라한 신민족주의 실현을 주장
하고 있다. 이를 두고 그를 중도우파라고 하는데, 그는 무엇보다
통일전선을 확실하게 내세우고 있다.

그러나 정권획득을 최대 목표로 하고 관료적 야심이 야합하는
현실조건에서 이런 이념적 지향은 자칫 이상주의로 흐르기 쉬운

것이요 실제 그런 쪽으로 흘러갔다. 다시 말해 정치권력 획득에 실패했고 '현실을 모르는 인물'로 타매唾罵되었던 것이다.

그는 민족운동을 근간으로 한 교육운동, 언론활동, 역사연구를 거듭했고 마지막에 정치활동으로 마감하는 과정에서 여러 차례 투옥되면서도 끝까지 지조를 지켰고 끝내 납북되어 불행한 삶을 마쳤다. 그의 출생지가 경기도 평택이라는 점도 어느 모로 보아서는 시사되는 바가 있다.

가정 배경과 남다른 성장기

안재홍은 남다른 가정배경 속에서 성장기를 보냈다. 그는 평택의 지주 아들로 태어났다. 그는 진위군(지금의 평택시) 고덕면 두릉리에서 안윤섭의 둘째 아들로 태어났다. 두릉리 마을 앞으로는 너른 들판이 있고, 뒤로는 구릉을 등지고 있다. 구릉에 오르면 들판이 한눈에 들어온다. 어린 시절 그는 늘 구릉에 올라가 놀았다. 그의 집안에서는 가숙家塾을 두어 집안 아이들을 가르쳤는데 그도 일곱 살부터 여기에서 한문을 배웠다. 그는 글을 배우면서 역사가가 될 꿈을 키웠다. 그 자신이 이렇게 회고했다.

나는 서생이요 독서자이다. 소년시대에 이미 술사가術史家 될 입지를 굳혔으나 약관의 때에 불행 조국의 복몰覆沒을 만나……

『조선상고사감』서문

역사가가 될 꿈을 키우다가 세상의 어지러움을 만나 다른 방향으로 가게 되었다는 것이다. 그의 할아버지와 아버지는 근왕의식이 투철하면서도 어린 그를 앉혀 놓고 옛날의 병란과 동학란·청일전쟁 등 역사 이야기를 많이 들려주었고 『황성신문』과 『독립신문』을 구독하는 등 신문물에도 관심이 많았다. 그는 부조父祖에게서 시국 이야기를 들으며 자랐던 것이다. 15세 때 화성 부호의 무남독녀인 이정순을 아내로 맞았다. 처가는 그의 경제생활에 도움이 되었을 것이다.

그는 과거공부를 할 필요가 없었다. 갑오개혁에 따라 과거제가 없어진 것이다. 그도 물론 한문을 익혔으나 일찍부터 전통 선비의 길을 걷지 않았다. 17세 때 평택의 사립 진흥의숙에 입학했고, 이어 수원의 어느 사립학교에 들어가 처음 머리를 깎았다. 여기에서 일본인 교사에게 일본어를 배웠다. 이제 개화청년의 길로 접어든 것이다.

1년쯤 뒤에 서울로 온 그는 황성기독교청년회 중학부에서 이상재李商在 등을 통해 민족의식을 일깨웠다. 이즈음 끝내 나라가 망하고 말았다. 아버지는 그를 앉혀 놓고 한숨과 눈물을 토해냈다. 그는 비장한 마음으로 미국 유학의 길을 떠나기로 결심했다. 서울로 올라와 이상재에게 상의했더니, 먼저 동양 사정과 일본의 실정을 알아야 하니 일본 유학을 가라고 권유했고, 그의 아버지도 이에 동의했다.

21세 때인 1921년 1월 동경 청산학원에 입학하여 기초 공부를 한 뒤 9월 와세다대학 정경부政經部에 입학했다. 그는 재학 중에도 유학생 학우회 등을 통해 학생운동을 했으며 중국 대륙을 여행하며 독립투사들을 만나보기도 했다. 이 시절 그는 동지요 벗이며 죽을 자리에도 함께 간 조소앙을 알게 되었다.

투옥을 불사한 필봉

그는 졸업을 한 뒤 고국에 돌아와 중앙학교 학감, 기독교청년회 교육부 간사 등을 맡아보며 청년교육자의 발걸음을 내디뎠다. 3·1운동이 일어난 뒤에는 대한민국청년외교단에 가입해 임시정부의 연락을 수행하다가 발각되어 3년의 옥살이를 했다. 이것이 그의 감옥살이의 시작이었다. 그 뒤 모두 9차례, 8년에 가까운 수감생활을 했다.

그는 모진 탄압 속에서도 줄기차게 항일운동을 벌였다. 3·1운동 뒤 일제는 항일인사의 회유, 친일파 육성책 등을 번갈아 쓰면서 조선자치권을 허용하는 듯이 기만했다. 일제에 대해 타협적인 인사들이 연정회硏政會를 만들려 했는데, 그도 한때 여기에 가담한 적이 있다.

1940년대에 일제는 태평양전쟁을 수행하면서 국민여론을 호도하려고 항일 인사들에게 담화발표를 요구하는가 하면 대중강연을 해달라고 압력을 넣었는데, 이때 가장 명망이 있던 여운형, 안재홍 등은 부분적으로 협조하는 체하면서 비밀활동을 전개했다.

그러나 나중에 이 두 가지 일이 때로 정적들에게 석연치 못하다는 비난거리가 되었다. 하지만 조선총독부 당국은 끝까지 비타협적인 자세를 보인 인물로 위 두 사람을 꼽았다. 안재홍의 활동은 다음과 같이 나누어 설명할 수 있다.

첫째는 언론활동이다. 그는 약 10년 동안 『조선일보』 주필·발행인·부사장 등을 지내면서 종횡무진으로 필봉을 휘둘러 사설 980편, 시평 470편을 쓴 것으로 알려졌다. 이를 집필하는 동안 필화사건으로 여러 차례 체포, 투옥되었으나 결코 필봉은 무뎌지지 않았다.

그는 기회가 있을 때마다 결사운동을 추진했다. 3·1운동 뒤 반일운동노선이 다소 침체하자 민족정신을 보호하기 위해 조선사정연구회와 태평양문제연구회를 조직했다.

당시는 러시아혁명의 영향을 받아 계급투쟁의 이론이 번져갈 때였다. 그는 계급문제의 의의를 인정하고 수용하되 국민적, 민족적인 가치가 우선되어야 한다는 논지를 폈다. 다시 말해 민족모순이 계급모순보다 식민지 아래에서는 우선해야 한다는 것이다. 이를 두고 그의 논조를 '소부르주아의 이데올로기'라 평하는 쪽도 있었다.

민족주의 계열과 사회주의 계열의 두 운동노선의 역량을 결집시키고 단일전선으로 민족적 비타협적 단일당을 결성하기 위해 신간회가 조직되었다. 합작운동의 결실이었다. 그는 여기에 적극 가담하여 중앙위원과 총무국 간사를 맡아 보았다. 이 조직이 뒷날 그의 정치활동에 활용되었다.

그는 신문사 일을 할 때나 감옥에서 풀려나 칩거할 때에는 어

김없이 역사연구에 몰두했다. 그의 글은 민족혼을 불어넣기 위
한 방편이었다. 그는 나라가 평화롭다면 정경문제에 관심을 두
지 않고 역사학도가 되었을 것이라는 글을 쓴 적도 있다.

그는 『조선일보』에 신채호의 한국사 관계의 글을 연재하고,
자신의 글 「조선상고사관견朝鮮上古史管見」을 연재하기도 했다. 그
의 역사연구는 「기자조선고箕子朝鮮考」, 「고구려건국사정고高句麗
建國事情考」, 「고구려와 평양별고平壤別考」 등 고대사에 집중되어
있다. 다산의 『여유당전서與猶堂全書』를 교열, 간행했으며, 그에
관련된 논문을 발표하기도 했다.

그가 향리에 칩거하여 역사연구에 몰두하고 있을 때 일제는
그를 가만두지 않았다. 조선어학회 사건에 연루시켜 다시 감옥
에 집어넣고 고문을 가했다. 일제는 식민정책에 협조할 언론인
조직인 조선언론보국회를 결성하고 그를 명예회원으로 추대하
는 따위 이용물로 삼기도 했다.

그는 1942년 조선어학회 사건에도 연루되어 홍천경찰서에 수
감되었다가 풀려났는데 이때 고향집에 틀어박혀 역사 집필에 몰
두했다.

한국적 민족주의·민주주의

새 시대 해방공간은 그에게 새로운 활동무대를 제공했다. 새
로운 조국에서 그는 운동가 또는 정치인으로 활동을 시작했다.

여운형 주도의 건국준비위원회가 발족하자 부위원장으로 취임했다. 초기 이 조직은 중도파와 좌우연합체의 성격을 띠었고, 홍기문洪起文, 김준연金俊淵 등을 영입하여 조직을 확대했다. 민중들은 독립정부 수립에 희망을 걸고 이 단체의 출범을 열렬히 환영했다.

그러나 중도좌파인 여운형과 중도우파인 안재홍이 각기 좌우의 의견을 수용하는 과정에서 의견대립을 보였고, 또 극우 극좌의 핵심인물이 참여하지 않아 건준은 힘을 발휘하지 못했다. 그도 건준을 떠났으나 좌우연합의 의지만은 강하게 보여주었다.

그의 주도로 신민족주의와 신민주주의를 표방하는 조선국민당이 창당되었다. 신민족주의는 초계급적 통일국가 건설을 지향하는 것이요, 신민주주의는 토지제도에 있어 국유를 원칙으로 하되 농민의 세습소유를 인정하고 일본인의 토지는 몰수하여 농민들에게 돌려준다는 것이다. 또 대기업은 국가관리로 하고 중소기업은 민간관리로 하게 한다는 따위의 것이다.

이것이 진실로 한국적 민족주의 또는 민주주의일 것이요 현재 중국의 수정사회주의 체제와 유사한 부분이 많다. 하지만 이를 실현시키려면 강력한 권력이 요구된다.

해방공간의 좌우대립은 날이 갈수록 심해졌다. 대립은 국제연합의 위임통치 문제를 놓고 좌익계의 찬탁과 우익계의 반탁으로 대립하면서 격화되었다. 그는 반탁의 계열에 섰으나 뒤에 반탁보다 정부수립을 먼저 이룩한 뒤에 거론하자고 주장했고, 또 "반탁은 하되 당당히 양국에 독립원조 실천을 요구하는 의사표시도

하자"고 강조한 탓으로 반탁론자들에게 타협적 자세를 보였다고 비난을 받았다.

이어 우익 중심의 남한 국민대표로 미군정의 지원을 받아 '민주의원'이 성립되고 이에 맞서 좌익의 '민주주의 민족전선'이 구성되자 그는 민주의원의 의원이 되었다. 이로 해서 좌우의 대립은 더욱 가열되었다. 또 우익 내부에서도 이승만의 비상국민회의와 김구의 비상정치회의로 갈라져 대립하고 있었다.

민족통일에 의한 완전 독립을 염원

안재홍은 통일정부 수립을 위해 이승만과 김구의 연합방안을 제시하는 한편 좌우 합작을 모색했다. 드디어 1946년 7월 좌우합작위원회를 결성하고 그는 우측 대표단으로 한 자리를 차지했다. 그는 방송을 통해 이렇게 강조했다.

좌우합작이 어찌해서 필요하고 또 긴급한가? 그것은 임시정부를 빨리 만들어야 우리의 건국사업이 비로소 궤도를 타고 나아가게 되는 까닭입니다. 고쳐 말하자면 이렇게 긴급한 임시정부를 만드는 데는 좌우합작으로 민족 총의를 한데 묶는 것이 선결요항으로 된다는 것입니다.

그리고 좌우합작을 위해서는 극우와 극좌 모두 배척한다고 언명했다.

그는 1947년 미군정의 민정장관으로 취임했다. 그가 이 자리에 앉은 것은 미군정을 돕기보다 자신의 노선을 성공시키기 위한 전술이었다. 그는 민정장관으로 있으면서 좌우합작을 계속 추구했고 단일정부의 실시를 앞두고 김구, 김규식 등의 남북정치협상을 지지하고 나섰다. 그러나 그의 노력에도 통일정부는 수립되지 않았다.

그의 정치활동은 모두 '초계급적 균등사회의 이성 위에 서는 주의'(강영철 『민세 안재홍』)에서 나온 것이다. 그는 초대 총선에는 조소앙과 뜻을 맞추어 출마하지 않았으나 2대 총선에는 출마하여 고향 평택에서 당선되었다.

1950년 한국전쟁이 발발했을 때 그는 가족과 함께 서울을 탈출하려고 한강 나루에 나왔다가 인파에 밀려 다시 돈암동 자택으로 돌아가지 않고 용산 친척집에 숨어 지냈다. 인민군이 그를 찾아내 성남호텔에 연금시켰다. 얼마 후 그는 북한 정치보위부에 의해 김용무, 조소앙과 함께 납북되었다. 그가 북쪽에서 죽었을 때 옛 동지 홍명희가 장례위원장이 되어 애도했다고 한다.

방정환
하얀 눈을 사랑한 어린이 운동가

손병희의 사위가 되다

나이가 채 스물도 못 된 청년이 운니동의 천도교 예배당에 열심히 드나들고 있었다. 그 청년은 천도교 예배당 안에 있는 천도교 청년회에서 활동하며 그곳에서 어린이들을 지도했다.

천도교의 교주 손병희는 이 청년을 유심히 살폈고 그 청년의 성실한 모습과 열정을 남달리 알아주었다. 손병희는 그를 셋째 사윗감으로 골랐는데, 이 청년이 바로 열아홉 살의 소파小波 방정환方定煥(1899~1931)이다. 때는 신문화운동이 한창 일어나던 1917년이었다. 손병희는 100여 만이 넘는 교도를 거느린 천도교의 교주였을 뿐 아니라 서울의 명망가였다. 그의 사위가 되었다는 것만으로 여간 선망의 대상이 아니었다.

방정환 그가 첫 번째 어린이날에 뿌린 전단의 첫 구절에서 어른에게는 "어린이를 내려다보지 마시고 쳐다보아 주시오."라고 했다. 그는 위대한 정치가나 사상가는 아니었지만 어느 누구보다 '어린이 사랑'의 소중한 유산을 우리에게 남겨 주었다.

방정환의 출신배경은 어떠했을까. 그는 서울 야주개(당주동)에서 가난한 집안의 장남으로 태어났다. 그때 야주개에는 중인 신분의 사람들이 주로 살았다.

그는 일곱 살에 부모의 허락도 없이 혼자 보성소학교에 다녔으나 너무도 가난하여 소학교를 마칠 수가 없었다. 그 뒤 서대문에 있는 왕고모집으로 옮겨 미동보통학교를 졸업했고 이어 선린상업학교에 입학했다. 그러나 선린상업학교도 2년 만에 중퇴하고 조선총독부 토지조사국에 취직했다. 이때가 그의 나이 열일곱. 토지조사국이라는 곳은 우리의 국유지를 총독부 소유로 이관하는 일을 하던 곳이었다. 그곳은 오랫동안 옛 국유지를 경작하던 농민들의 생활터전을 빼앗는 일을 담당하는 기관이라 농민들의 원한이 서린 곳이었다.

방정환은 먹고 살아가는 것으로만 따지면 좋은 자리였을 텐데 이를 박차고 나와 천도교 예배당으로 발길을 돌렸다.

어린이운동에 전력

그는 손병희의 사위가 된 뒤 더욱 어린이운동에 열성을 보였고, 천도교에서 운영하는 보성전문학교에 입학했다. 그가 이런 일에 열중할 적인 1919년 3·1운동이 터졌다. 당시 천도교에서 경영하던 보성사普成社에서 이 해 3월 1일자 『조선독립신문』을 비밀리에 간행하여 3·1운동 사실을 알리자, 경찰은 『조선독립신문』의 발행인인 윤익선을 체포하고 신문발행을 중지시켰다.

이때 청년 학생들은 비밀리에 재동에 있는 방정환의 골방에서 등사판으로 신문을 발행하여 돌렸는데, 3주일 만에 이 일도 발각이 났다. 경찰이 들이닥친다는 연락을 받은 방정환 등은 등사판 따위를 우물에 처넣고 시치미를 뗐다. 경찰은 그를 잡아다가 코에 물붓기 등 온갖 고문을 가했으나 끝내 자백을 않자 일주일 만에 풀어주었다.

3·1운동의 기세가 꺾일 무렵, 그는 짐을 싸들고 일본 동경으로 건너가 동양대학 아동미술과에 입학했다. 그는 어린이 운동을 할 결심으로 아동미술을 공부하게 된 것이다. 방정환은 2년

뒤 여름방학 때 고국에 돌아와 천도교 안에 정식으로 소년회를 조직했다. 그 소년회는 문예·체육 등의 활동을 통해 어린이들에게 정서와 건강과 민족적 자각을 일깨우기 위해 조직한 것이다. 그는 전국을 돌아다니며 어린이의 인격을 존중하자는 강연을 했다. 이때 '어린이'라는 말을 처음으로 만들어냈고 어린이 동화집도 냈다.

1923년 3월 1일에는 월간 『어린이』라는 잡지를 창간했고, 동경에서 어린이 문제를 연구하는 단체인 '색동회'를 조직했으며, 이 해 5월 1일을 어린이날로 지정하여 기념식을 가졌다. 색동회에는 윤극영, 마해송, 윤석중 등이 가입하여 오늘날까지 이어지고 있는 어린이 단체이다. 한편 첫 어린이날의 구호는 "씩씩하고 참된 소년이 됩시다. 그리고 늘 서로 사랑하며 도와갑시다."였다.

그는 뚱뚱한 몸집으로 눈물을 글썽이며 어찌나 이야기를 잘했던지, 어른들도 그의 이야기를 듣다가 울기 일쑤였다고 한다. 그가 첫 번째 어린이날에 뿌린 전단의 첫 구절에서 어른에게는 "어린이를 내려다보지 마시고 쳐다보아 주시오."라고 했고, 어린이에게는 "돋는 해와 지는 해를 반드시 보기로 합시다."라고 했다. 얼마나 부드럽고 설득력 있는 표현인가.

방정환이 어린이를 위해 글을 쓰고 강연할 적에 일본 경찰은 내용을 꼬투리 잡아 서대문경찰서에 가두는 따위의 탄압을 했으나 그는 결코 굽히지 않았다. 이렇게 정열적인 그는 하얀 눈을 무척이나 좋아했다. 그는 눈이 오면 눈을 맞고 눈물을 흘리며 쏘다니기를 좋아했다. 그 눈을 소재로 한 동요를 남겼다.

겨울밤에 오는 눈은 어머님 소식
혼자 누운 들창에 바아삭 바삭
잘 자느냐 잘 크느냐 묻는 소리에
잠 못 자고 내다보면 눈물납니다

순사를 울린 사람

그는 구연동화가로 이름을 떨쳤다. 그가 우스운 이야기를 하면 듣는 이들은 배꼽을 잡고 웃었고 슬픈 이야기를 하면 듣는 이들은 눈물을 옷깃에 적셨다. 그를 감시하던 순사가 그의 이야기를 듣다가 끝내 눈물을 흘려 그에게 '순사를 울린 사람'이라는 별명이 붙었다.

그는 어린이 앞에서만 아니라 어디서나 이야기 보따리를 풀어 놓았고, 감옥에 가서는 죄수들에게, 동네에서는 노인들에게, 병원에 들러서는 간호사들에게 끊임없이 이야기를 들려주었다. 그는 타고난 어린이 운동가였다.

그는 꽤나 멋쟁이였다. 늘 말쑥한 양복을 입고 다녔고 목에는 곧잘 보타이를 맸다. 너무 멋을 부린 탓으로 어떤 사람은 "사치를 일삼는다."는 꾸지람도 했다. 이도 그의 예술적 감각이 남다른 탓이 아닐까?

방정환은 서른세 살의 나이에 고혈압으로 입원했는데 죽던 날 저녁, "가야겠어. 문간에 검은 마차가 날 데리러 왔어."라는 말

을 남기고 운명했다. 이 말은 꼭 동화 같은 분위기를 자아내는
데, 그는 아마도 동화의 나라로 갔을 것이다.

그는 위대한 정치가나 사상가는 아니었지만 어느 누구보다
'어린이 사랑'의 소중한 유산을 우리에게 남겨주었다.

3부

노선은 달라도 목표는 같다

김원봉 / 이화림 / 이회영 / 이동휘 / 김규식(노은) /

1930년대에 들어 상해임시정부를 비롯해 항일세력은 계속 분열 양상을 띠었다. 의열단원들도 민족주의자·무정부의자·사회주의자로 갈려 분열의 조짐을 보였다. 이에 김원봉은 의열단 활동에 한계를 느꼈다. 비록 일제의 간담을 서늘하게 하기는 했으나 근본적으로 민족해방을 쟁취하려면 군대양성이 급선무라고 생각했다. 그는 처음에 가졌던 생각을 다시 실천에 옮기는 일에 착수했다.

김원봉
열렬한 민족주의자의 투쟁과 죽음

조국 독립의 희망을 품고

　나라를 일본에 빼앗기자 국내를 비롯해 만주·중국에서 극렬한 항쟁이 벌어졌다. 그 중에서도 일본을 향한 의열단義烈團의 테러는 일본인들의 간담을 서늘하게 했을 뿐 아니라 조선 민중들의 가슴에 깊은 인상을 심어주었다. 이런 활동을 벌인 의열단의 두목이 바로 김원봉金元鳳(1898~1968)이다.

　김원봉은 밀양 부북면 감천리에서 태어났다. 아버지 김주익金周益은 겨우 식구들을 굶기지 않을 정도의 가난한 농부였다. 그가 태어난 집은 문자 그대로 초가삼간이었다. 그러나 아버지의 교육열만은 대단했던 탓으로 그를 동네 서당에 보낸 데 이어 열한 살의 나이에 보통학교에 편입시켜 신교육을 받게 했고, 이어

김원봉 그는 남다른 혁명가 기질을 지
녔다. 그는 결코 공산주의자가 아니었
고, 다만 열렬한 좌파 민족주의자요, 통
일주의자였다.

읍내의 동화중학에 보냈다.

그러나 나라 사정은 그를 곱게 학교에 다니게 내버려두지 않
았다. 1910년 나라가 완전히 식민지가 되자 동화중학은 일제에
의해 폐쇄되었다. 소년 김원봉은 나라 잃은 서러움을 뼈저리게
느끼며 서울로 올라왔다. 그는 중앙중학에 편입했다. 중앙중학
에 다니면서 웅변대회를 통해 교육으로 나라를 찾자고 열변을
토하기도 했다.

소년 김원봉은 1년 만에 답답한 학교생활을 그만두고 전국을
유람했다. 그는 조국의 강산을 돌아보며 나라를 찾기 위해서는
군대를 양성해야 한다고 마음먹었다. 우선 그는 자신의 실력부

터 길러야 한다고 결심했다. 그는 독일의 힘을 동경해 독일로 유학하려는 계획을 세웠다. 우선은 중국 천진에 독일 사람이 경영하는 덕화학당이 있다는 소문을 듣고 그곳으로 가기로 마음먹었다. 이 계획을 점원 노릇하는 친구에게 털어놓았다. 그 친구는 그의 뜻을 알아 주인집 금고에서 돈을 훔쳐 그에게 건네주었다. 이 돈을 가지고 그는 천진으로 갔다.

1916년 그의 나이 열아홉 살 때의 일이었다. 그는 뜻한 대로 덕화학당에 입학했으나 또 1년 만에 학당이 폐쇄되었다. 그는 하릴없이 고국으로 돌아왔다.

1918년 그는 중앙중학에 다닐 적에 사귀었던 김약수, 이여성 등과 어울려 다시 남경으로 갔고, 그곳에서 금릉대학에 입학했다. 그 무렵 파리강화회의가 열렸으나 약소민족에게는 아무런 보탬도 되지 않았다. 그는 편안히 공부만 할 수 없다고 생각하여 만주 쪽으로 가서 우리 동포를 묶어 군대를 조직할 결심을 굳혔다. 그가 만주로 향할 때 국내에서 3·1운동이 전국적으로 일어났다는 소식을 접했다.

그는 이에 고무되어 조국독립의 희망을 가슴에 안고 만주 길림으로 갔다. 그곳에서 군대를 조직하려 했지만 나라 잃은 백성이 남의 나라에 와서 군대를 조직하기에는 너무나 조건이 맞지 않았고 애로도 많았다. 그는 새로운 계획을 세웠다. 곧 테러를 통해 일본 고관과 친일파, 그리고 모질게 식민지통치를 하는 총독부와 우리 농민을 갈취하는 동양척식주식회사 등을 파괴하기로 결심한 것이다.

일제를 두렵게 한 의열단 활동

김원봉은 어렵사리 폭탄제조법을 배우고 동지를 규합했다. 1919년 11월 9일 밤. 길림성 파호문 밖 중국인 반씨 집에 비밀스레 모인 동지가 열세 명이었다. 그들은 밤새워 열띤 토론을 거친 끝에 공약 10조를 정했다. '천하 정의의 일을 맹렬히 실행하기로 함'을 비롯, 단원은 매달 한 차례 본부에 보고하고 언제 어디서나 부르면 달려올 것, 배반한 자는 죽음을 당한다는 것 등을 정했다.

단명은 의열단이라 했는데, 정의와 맹렬에서 한 자씩 따온 것이다. 단장인 의백義伯에는 김원봉이 추대되었다. 그의 나이 스물한 살, 단원 중에는 그보다 나이가 많은 사람도 있었으나 김원봉이 단장이 된 것은 이 단체를 그가 조직한 탓도 있으나 그의 지도력이 뛰어남을 나타낸다.

중국에 오래 살면서 『아리랑』을 쓴 님 웨일즈는 그에 대해 이렇게 쓰고 있다.

김약산金若山(약산은 그의 호)은 확실히 구별되는 두 개의 개성을 지니고 있었다. 그는 자기 친구들에게는 지극히 점잖고 친절했지만 또한 지독히 잔인하기도 했다. 김약산은 언제나 조용했고 동료들과 함께하는 육체운동에도 참여하지 않았다. 그는 거의 말이 없었고 웃는 법도 없었으며 도서관에서 독서를 하면서 시간을 보냈다.

이로 보면 그는 남다른 혁명가 기질을 지녔던 것으로 보인다.

그는 미남으로 로맨틱한 용모를 지니고 있었으며 투르게네프와 톨스토이의 소설을 거의 다 읽었다 한다.

의열단의 목표는 1) 왜놈을 몰아낸다 2) 조국을 해방한다 3) 계급을 타파한다 4) 토지를 분배한다 등이었다(박태원 『약산과 의열단』).

의열단원은 권총과 폭탄을 들고 속속 조선으로 들어왔다. 그리고 요소요소에 폭탄을 던져 일본의 간담을 서늘하게 했다.

의열단원 이수택은 맨 먼저 밀양에 폭탄을 숨기고 들어와 기회를 엿보다가 잡혔다. 밀양은 바로 김원봉의 고향이다. 밀양사건으로 이수택이 체포된 데 대한 보복으로 의열단원들은 부산경찰서를 폭파시켰다. 계속해서 그들은 다시 밀양경찰서에 폭탄을 던져 복수를 했다.

1921년 9월에는 조선총독부에 폭탄을 던지고 권총으로 관리들을 저격하는 일대 사건이 일어났다. 의열단원 김익상金益相은 전기수선공으로 가장하고 유유히 조선총독부 청사로 들어가 비서과에 폭탄을 던졌으나 불발이었다. 이어 회계과에 던진 폭탄이 폭발했다. 김익상은 권총을 들고 일본 관리들을 쏘았다.

이 사건으로 서울은 발칵 뒤집혔고 요소요소에 경비가 삼엄하게 펼쳐졌다. 김익상은 유유히 신의주를 거쳐 북경으로 달아났다. 이때 의열단의 본부는 길림성을 떠나 본거지를 북경·천진·상해 등지에 필요에 따라 그때그때 옮기며 활동했다.

1922년 3월에는 유명한 상해 황포강사건이 터졌다. 일본의 육군대장 다나카田中義一가 비밀사명을 띠고 상해로 온다는 정보를 입수한 의열단은 그를 암살하기로 결정했다. 김익상, 오성륜, 이

종암 세 단원이 이 일을 맡았다. 세 사람을 정한 것은 저격선을
분담하려 한 것이다.

일본군 대장은 거들먹거리는 태도로 환영객을 둘러보며 배에
서 내렸다. 제1선의 오성륜이 방아쇠를 당겼다. 그런데 마침 서
양 여자가 그 앞을 지나가다가 총에 맞고 쓰러졌다. 놀란 다나카
는 자신이 탈 자동차로 뛰어갔다. 이때 제2선을 맡은 김익상이
총 두 방을 쏘았으나 다나카의 모자만 날렸을 뿐이다. 김익상이
폭탄을 던졌으나 전신주에 부딪쳐 불발이었다. 제3선을 맡은 이
종암이 자동차를 향해 폭탄을 던졌으나 불발이었고, 마침 미국
해병이 서 있다가 발길로 폭발물을 강에 차 넣었다.

김원봉은 그들을 태워 달아나려고 부두 근처에 자전거를 세워
놓고 있었다. 그러나 김익상, 오성륜은 군중에 쫓기다가 끝내 잡
혔고, 이종암은 군중 속으로 몸을 숨겨 잡히지 않았다. 이 사건
은 비록 실패로 돌아갔으나 의열단의 활동을 온 중국에 알리는
계기가 되었다. 그 뒤 오성륜은 감옥죄수들의 도움을 받아 탈옥
했으나 김익상은 일본으로 압송되었다.

김원봉은 대대적인 서울파괴 계획을 세웠다. 종로경찰서의 경
부 황옥, 지사 김시현 등과 연결하여 의열단원을 국내에 잠입시
켰다. 그들은 대량의 폭발물과 권총을 감추고 계획을 진행시켰
다. 그러나 동지 중에 밀고자가 있어 300여 명이 잡히고 폭탄·
권총 등 200여 점을 압수당했다.

그 뒤에도 동경 황성다리에 폭탄을 던지고 북경의 조선인 밀정
을 암살했으며, 조선식산은행·동양척식주식회사에도 폭탄을 던

졌다. 김원봉은 새로운 이념 제시가 필요하다고 느끼고 열렬한 민족사학자 신채호에게 일대 혁명선언을 지어달라고 부탁했다.

신채호는 6천 400여 자의 「조선혁명선언」을 기초했다. "강도 일본이 우리의 국호를 업수이하며 우리의 정권을 빼앗았으며 우리의 생존적 필요조건을 다 박탈했다."로 시작하는 이 글은 오직 민중의 힘으로 민족을 해방시켜야 한다고 역설하고, 외교론 따위의 온건론을 철저하게 배격해야 한다는 논조를 폈다.

이 내용은 신채호의 사상일 뿐만 아니라 김원봉의 노선이기도 했다. 일제는 여러 각도로 힘을 써 두목인 김원봉을 잡으려 했지만 어림없는 일이었다.

의열단 활동에는 많은 희생이 따랐다. 강철 같은 청년들이 속속 일제에 잡혀 죽어갔다. 더욱이 1930년대에 들어 상해임시정부를 비롯해 항일세력은 계속 분열 양상을 띠었다. 의열단원들도 민족주의자, 무정부의자, 사회주의자로 갈려 분열의 조짐을 보였다. 이에 김원봉은 의열단 활동에 한계를 느꼈다. 비록 일제의 간담을 서늘하게 하기는 했으나 근본적으로 민족해방을 쟁취하려면 군대양성이 급선무라고 생각했다. 그는 처음에 가졌던 생각을 다시 실천에 옮기는 일에 착수했다.

그는 군사학교를 설치하여 인재 150여 명을 길러냈다. 그러나 항일세력이 분열되자 또다시 한계를 느끼고 이를 한데 묶으려는 노력을 기울였다. 이렇게 하여 결실을 본 것이 조선민족혁명당이다. 여기에 참여한 세력은 의열단을 비롯해 한국독립당, 대한독립당, 신한독립당, 조선혁명당의 인사들이었다.

이때 중국에 새로운 정세가 전개되었다. 중국 국민당과 중국 공산당은 합작을 모색했는데 공산당은 연안 일대를 근거지로 하여 조선독립군과 일대 연합전선을 모색하고 있었다. 그는 조선의용대를 창설하고 이를 통해 군사활동을 펼쳤으나 공산세력은 연안과 태항산지구로 대부분 넘어갔다. 그렇게 해서 김두봉, 무정武亭 중심의 조선독립동맹과 그 산하에 조선의용군이 결성되었다. 이에 따라 조선의용대는 크게 규모가 줄어들었다. 1942년 끝내 그는 조선의용대를 해체하고 김구 주도의 광복군에 합류하여 그 부사령관이 되었다. 이어 임시정부의 군무부장에 취임했다. 이때 조국 진공작전의 꿈이 이루어지는 듯했으나 일본이 예상 밖으로 빨리 항복하여 좌절되고 말았다.

해방 조국에서 맞은 좌절

1946년 봄 김원봉은 임정요인으로 고국에 돌아왔다. 그가 고향을 찾았을 적에 고향 사람들은 그가 걸어 들어오는 길에 광목을 깔아주었다. 밀양국민학교의 환영식에는 수많은 사람이 몰려들었다. 그야말로 영웅의 귀환이었다.

그는 서울의 혼란한 해방정국에서 좌우합작을 위해 또다시 활동을 벌였다. 통일정부 수립을 위해서도 동분서주했다. 하지만 정당 사회단체들은 분열을 거듭했고 친일파가 이승만을 끼고 날뛰었다. 그의 꿈은 좌절의 연속이었을 뿐만 아니라 오히려 감시와 탄압이 따랐다. 더욱이 친일주구였던 일본 고등계형사 출신인 노덕술에 의해 수갑이 채워져 끌려가기도 했다. 고국에서 그의 심정은 착잡했고 그의 활동은 제약을 받았다. 옛 의열단 동지들이 대부분 북쪽으로 가 더욱 외로움을 느꼈을 것이다.

그는 소설가 박태원에게 의열단의 역사를 구술로 일러주어 이를 책으로 펴내게 했다. 이 책이 오늘날 의열단 역사를 아는 데 유일한 자료가 되고 있다.

그는 남북 양쪽에서 단독정부가 수립될 무렵인 1948년 8월 김구와 함께 남북협상을 벌이기 위해 북쪽으로 넘어갔다. 그는 남북협상이 결렬된 뒤 홍명희와 함께 북쪽에 눌러앉아 살았다. 아마도 남쪽에서 친일파들이 날뛰는 꼴을 보고 싶지 않았는지도 모른다. 그곳에서 노동당 등의 고위직을 누리던 그는 간첩으로 몰려 1968년경 숙청당했고 이어 자살했다고 한다.

그는 6·25동란을 겪으며 고향 땅의 가족을 그렸을 것이요, 죽으면서 남쪽의 자식들을 생각했을 것이다. 이것이 바로 개인의 비극이요, 민족의 비극이 아닌가? 열렬한 혁명가의 생애는 참으로 비참했다.

오늘날 그를 두고 새로운 평가들이 나타난다. 그는 결코 공산주의자가 아니었고, 다만 열렬한 좌파 민족주의자요, 통일주의자였다는 것이다.

한 민족주의자의 이상인 통일이 과연 언제쯤 이루어지는 것일까? 이런 통일지향적인 민족주의자를 재평가하는 것은 오늘의 현실에 비추어볼 때 더욱 뜻이 있을 것이다.

이화림
조선의용군 출신의 여인

조선의용군 여자 대원

우리나라가 일제의 식민지지배를 받게 되자 전국 방방곡곡에서 일어난 독립지사들은 고난에 찬 역정의 길을 택했다. 그들은 오직 민족해방을 위해 목숨을 바쳤고 고난의 길을 걸었다. 그런데 지금 남북 양쪽에서 소외를 당하거나 외면을 받는 독립투사들이 의외로 많다.

특히 중국 팔로군과 협력하여 항일운동에 나선 계열이 그렇다. 남한에서는 중국 공산당의 협조를 받거나 그곳 공산당에 가입하여 항일활동을 폈기 때문이고, 북한에서는 이들이 김일성 정권에 도전한 죄로 숙청의 대상이 되었기 때문이다. 이들을 연안파라고 한다.

이들 연안파 중 지금까지 살아 있는 이들은 양쪽의 무관심 속에서 중국 각지에 흩어져 옛일을 회상하며 외로운 삶을 잇고 있고, 죽은 이들은 그 활동이 제대로 알려져 있지 않다. 필자가 중국에 가서 생존해 있는 그들을 만나 이야기를 나눌 적에 그들은 입을 모아 '민족의 해방'을 위해 사회주의자가 되었고 그로 해서 팔로군의 지원을 받았다고 말했다.

우리 역사학자들은 이들에게 관심을 기울여야 한다. 그것은 진정 항일구국과 민족해방의 참모습을 옳게 전달하는 작업이기 때문이다. 그들을 버려두고 바른 민족해방운동사를 이야기할 수는 없을 것이다. 여기 이야기하고자 하는 이화림(1905~90년대 사망)도 바로 그런 경우에 해당한다.

1940년대 초에는 만주와 중국 본토의 독립단체들이 일제의 강압에 밀려 활동이 침체해 있던 때였다. 그런데 태항산지구는 달랐다. 태항산 줄기는 2~3천여 미터의 높은 봉우리들이 연이어져 있고 그 너머로 연안이 자리잡고 있다. 이 주변 일대는 험준한 산악지대이다. 그 입구인 하남점 일대에서 1940년대 초기부터 조선의용군이 훈련을 거듭하고 있었다. 조선 청년 수백 명은 낡은 총을 메고 우렁차게 군가를 불렀다.

하나 둘 셋 발맞춰 총을 메고 나가자
씩씩하고 용감한 조선의 용사들
오늘은 화북 거쳐 내일은 제주 지나
앞에 장애 물리치고 조국 향해 나가자

진리로 굳게 뭉친 우리 강철대오는
모든 정신 행동 인민 위해 노력해
용감히 싸우리라 조국의 해방 위해
끝까지 싸우리라 인민의 자유 위해

정율성 작사·작곡 「조국 향해 나가자」

항일의 노래를 부르는 조선 청년들의 의기는 드높았다. 그런데 그들의 의기와는 달리 생활은 고달프기 짝이 없었다. 조선의용군은 연안에 근거지를 둔 팔로군의 지원을 받았으나 이곳으로 진출해서는 자력갱생의 방침에 따라 스스로 농사를 짓거나 산나물을 뜯어 먹을거리를 장만했고 때로는 병원·방직공장·이발소·잡화상점 등을 벌여 무기와 생필품을 사야 했다. 더욱이 태항산 하남지구는 일본군 주둔지역과 경계가 되는 전방이다. 그들은 강냉이와 산나물로 끼니를 이었고 겨울이 닥쳐와도 동복을 제대로 마련할 수가 없었다.

이들 가운데 여자들도 끼여 있었다. 그 중의 한 사람이 바로 이화림이다. 이화림은 이곳에서 활동할 때 이미 30대 중반이어서 누이 노릇을 해야 했다. 낮에는 다른 여자대원을 거느리고 산나물을 캐고 밭을 맸으며, 저녁에는 밥을 짓고 빨래를 해야 했다.

그녀는 중산대학을 다닌 인텔리로 뒤에 의사가 되었으며 문학과 예술에도 남다른 재능을 지닌 예민한 여성이었다. 그는 동생과 같은 음악가 정율성에게 다음과 같은 가사를 지어주고 작곡을 부탁했다.

미나리 미나리 돌미나리
태항산 골짜기의 돌미나리
한두 뿌리만 뜯어도
대바구니가 찰찰 넘치누나

남동무들은 곡괭이 메고
태항산 골짜기로 올라가서
한 포기 두 포기 드덜기(나무등걸) 빼고
감자를 두둥실 심는구나

이 가사는 물론 도라지타령을 모방한 노동요이다. 여성들은 이 흥겨운 노래를 부르며 고된 일을 했고 이화림은 동생들을 이끌고 더욱 사기와 희망을 안겨주었다. 그녀는 이곳에서 고난의 세월을 보내다가 조선의용군이 연안으로 옮겨가자 함께 그곳으로 올라갔다. 조선의용군이 연안의 나가평羅家坪 동굴에서 8·15 광복을 맞이할 때까지 그녀의 생활은 고난의 연속이었다. 더욱이 그녀는 주부의 몸으로 가정살림도 꾸려야 했다.

그녀의 내력과 초기 활동

이화림은 어떤 출신배경을 지녔으며, 무슨 동기로 중국에 망명한 여성 독립투사가 되었을까?

그녀는 우리나라의 외교권이 일제에 넘어가 반식민지가 되던 해에 평양에서 태어났다. 부모는 넉넉한 살림은 아니었으나 새 문물에 눈을 떠 여느 가정과는 달리 영리한 딸을 여학교에 보냈다. 그녀는 평양에서 유치원 교원학교에 다닐 적에 3·1운동을 겪게 되었다. 그녀는 학교의 리더로 3·1운동에 앞장을 섰고, 이로 해서 일제 경찰에 끌려갔으며, 그 뒤 일제 경찰의 끊임없는 감시를 받았다. 그녀는 이에 굴하지 않고 항일지하운동에 참여했다.

그녀는 비밀 서클에 들어가서 사회주의 사상을 익혔고 1927년 무렵 조선공산당에 가입했다. 당시 조선에서는 공산당이 지하조직을 확대하고 비밀결사로 활동을 했던 것이다. 그러나 그녀의 활동에는 많은 제약이 따를 수밖에 없었다.

그녀는 1930년 25세 처녀의 몸으로 중국 망명길에 올라 임시정부가 있는 상해로 갔다. 당시 임시정부는 활동이 매우 지지부진했는데 김구 주석은 새로운 활동을 벌이기 위해 한인애국단을 조직하여 청년들을 규합했다. 이화림은 김구를 찾아갔고 김구는 아리땁고 신념에 찬 활동적인 그녀를 맞아들였다. 이때 그녀는 본명 이동해를 이화림으로 바꾸었다. 김구는 당시 주변 사람들에 대해 의심이 매우 많았다. 중국의 우리 항일세력이 장개석 계열과 모택동 계열로 갈라져 암투를 벌이는 데다가 일본의 파괴공작이 쉴 새 없이 침투하고 있었기 때문이다.

이화림은 김구의 비서격으로 늘 주변에서 일을 도왔다. 김구는 그때 장개석의 지원을 받는 탓인지 조선인 공산당원을 미워하고 싫어했다. 어느 때는 이화림에게 "너도 공산당원이지?"라고 질문을 하며 의심을 했다고 하나 두 사람은 애인관계라고 소문이 날 정도로 가까이 지냈고, 그녀를 향한 김구의 신임도 남달리 두터웠다.

이화림은 임시정부의 어려운 살림을 도우려 나물장사, 수놓기, 빨래 따위의 일을 했다. 억척스런 처녀 운동가였다. 이 무렵 그녀는 많은 독립지사들을 만났는데 윤봉길과의 만남은 특별한 의미를 지닌다.

1932년, 역사에 남는 큰 사건이 벌어졌다. 곧 윤봉길의 홍구공원 폭탄투척사건이다. 윤봉길은 중국으로 망명, 청도靑島의 일본인 세탁소에서 심부름꾼으로 일하다가 상해로 왔다. 그는 의기가 있을 뿐 아니라 일본어를 썩 잘했다. 이때 중국 침략의 원흉들이 4월 29일을 기해 상해 홍구공원에서 천장절天長節(천황의 탄신일) 행사를 벌이기로 했다는 소식이 전해졌다. 여기에 폭탄을 던질 계획을 세우고 윤봉길이 행동대원으로 나서게 되었다.

김구는 여성의 조력이 필요하다고 생각해 이화림에게 두 번이나 동참할 것을 권유했다. 처음에는 두 남녀가 부부로 가장하여 삼엄한 경계망이 펴질 홍구공원에 입장하기로 했다. 그러나 나중에 이화림의 희생을 염려하여 다만 윤봉길을 보호하며 뒤따라가는 것으로 계획을 바꾸었다. 그때 윤봉길은 스물세 살, 이화림은 스물일곱 살이었다.

4월 29일 아침, 이화림은 상해의 젊은 여성들 사이에 유행하던 하늘색 원피스를 말쑥하게 차려입고 그 위에 회색외투를 걸치고 100여 미터쯤 떨어져 윤봉길의 뒤를 따라갔다. 윤봉길이 무사히 공원 안으로 들어가자 재빨리 공원 맞은편 골목으로 몸을 숨겼고, 골목에서 가슴을 졸이다가 폭탄이 터지는 굉음을 들었다. 이때의 심정을 그녀는 "나는 이날의 행동에서 승리자의 기쁨을 통쾌하게 느꼈다"(『중국의 광활한 대지 우에서』 참고)고 회고한다.

그동안 "윤봉길은 기모노 차림의 일본 여인의 도움을 받아 삼엄한 검문검색을 통과했다."는 기록이 있었는데 잘못된 기록이다. 임시정부는 이 일로 상해를 떠나야 했다. 이화림은 다른 곳으로 가서 공부를 해야겠다고 결심한데다 비밀리에 공산당에 가입해 있었기에 김구와 헤어져야 했다. 이때부터 김구와 이화림은 길을 달리했다.

광주와 남경에서 중경에서

상해를 떠난 이화림은 의열단 등의 추천을 받아 광주廣州의 중산대학에 입학했다. 중산대학은 손문이 광동 혁명근거지를 창설할 적에 국민혁명의 인재양성을 위해 창설한 종합대학이다. 우리 청년들이 초기부터 여기에 많이 입학했는데, 1927년 장개석에 맞서 광주의 노동자와 '혁명사병'들이 무장봉기를 일으켰을 때 이 대학의 학생들이 많이 참여했다.

이 광주기의廣州起義에 조선 청년 150여 명이 참여했고 조선 유학생도 합류했다. 이때 님 웨일즈의 소설 『아리랑』의 주인공인 김산(본명 장지락)도 참여했다. 이런 전통이 있는 대학에 조선 청년들은 조선독립단체의 추천만 있으면 입학하게 되어 있었다.

1932년 8월 김창화(뒤에 진광화로 이름을 바꿈) 등 10여 명이 입학했는데 이화림은 법률학부에 들어갔다. 그녀는 그곳에서 전에 입학한 학생들과 용진학회를 결성했다. 그녀는 법률학부에서 2학기를 다닌 뒤 의학부로 옮겨 부속병원 간호사로 일하면서 공부를 계속했다.

이화림은 특별히 김창화와 가까이 지내 둘이서 교내를 걸으며 조국의 장래와 앞으로의 투쟁계획 등을 토론했다. 20여 명의 학회 회원들은 일제의 침략죄행을 성토하고 혁명이론을 학습했다. 김창화는 학생운동의 지도자였고 이화림은 맹렬한 회원이었다.

1935년 겨울 중산대학생들이 일대 항일시위를 벌였는데, 조선학생들도 적극 참여하여 "일본 제국주의를 타도하자." "일제와의 타협을 반대하자."고 외쳤다.

조선학생들은 학생강연대를 조직하여 광주 거리와 농촌에 다니면서 항일전단을 살포하고 항일강연을 벌였다. 시위는 줄기차게 이어졌고 그 파급효과는 대단히 컸다. 이때 일제와 타협적 태도를 취하던 광동군벌은 항일운동을 탄압하여 교수·학생을 체포하면서 검거선풍을 일으켰다. 김창화, 이화림 등 조선학생들도 체포했다가 강력한 압력에 굴복하여 풀어주었다.

새 조직에 들어 활동

1936년 이화림은 김원봉이 중심이 되어 여러 세력을 통합한 민족혁명당에 가입했고, 그 본부가 있는 남경으로 갔다. 새로운 활동무대를 찾아 나선 것이다. 이 무렵 그녀는 동지인 이집중과 결혼한 처지였다. 남경에서 처음에는 부녀대 부대장을 맡아 주로 의료사업 일을 보았다.

일제의 군대가 상해를 강점하자, 독립단체들은 대부분 남경으로 근거지를 옮겼는데, 임시정부·의열단·민족혁명당 등도 이곳에 자리잡았다. 이화림은 남경 화로강 근거지에서 김원봉, 김두봉, 최창익 등을 만났다. 이화림은 이때 이집중과 함께 살면서 천재음악가 정율성도 만났고 최창익의 부인 허정숙, 윤공흠의 부인 조명숙, 무정의 부인 유지평 등 여성들과 함께 독립운동가를 뒷바라지하면서 자신들이 직접 사격 등을 익히기도 했다. 이때의 일을 두고 소설가 김학철은 이런 일화를 전해준다.

한번은 이화림 등 몇몇 여성분들이 김치를 담가주었다. 이 알량한 아주머님네들이 초특법 속성법을 채택하여 더운물로 담근 까닭에 그 맛이 세상에도 괴상야릇하여 쉬지근한가 하면 좀 떫은 것 같기도 하고 또 익었는가 하면 좀 선 것 같기도 하고 게다가 게거품 같기도 하고 또 비누거품 같기도 한 거품까지 부걱부걱 피어올랐다. 누군가가 그 김치를 '막걸리김치'라고 비유해서 우리는 모두 손뼉을 치고 허리를 잡았다. 그들은 직업혁명가로서 선머슴 같은 여자들이라 살림살이를 해보지 못했던 것이다.

중국조선민족발자취총서『봉화』

이 이야기를 통해 그녀들의 삶을 짐작할 수 있겠다.

일본군이 남경을 압박해오자 김창화는 연안으로 갔고, 이화림은 민족혁명당 식구들과 함께 중경重慶으로 들어갔다. 중국의 3대 아궁이라 불리는 중경의 생활조건은 물자가 귀해 상해나 남경보다 훨씬 열악했다.

중일전쟁이 한층 치열했던 1938년 10월, 의열단원을 중심으로 조선의용대가 창설되고 대장에 김원봉이 추대되었다. 이때 김구도 중경으로 왔으나 이화림과는 별로 접촉하지 않은 것으로 보인다. 조선의용대가 계림으로 옮겨가 있을 때인 1939년 그녀는 조선의용대 부녀대 부대장이 되었다.

이때 조선의용대 대원들은 최전선의 일본군을 향해 염전厭戰(전쟁에 싫증을 갖게 하는 심리전술)활동을 벌였다. 곧 고향의 부모 형제를 그리워하는 노래나 구호를 들려주기도 하고 일본 침략의 부당성을 알리기도 했다. 여성의 정겨운 목소리와 호소력이 효과를 더 거둘 수 있었다. 이화림은 완전 무장을 하고 맨 앞의 진지 앞에 몸을 숨기고 메가폰에 대고 선전구호를 외치거나 삐라를 적의 진지 안에 뿌려넣는 활동을 했다.

태항산과 연안으로 대장정

1941년 중국공산당은 조선인 당원의 새 단체를 결성하고 조선의용대의 개편을 시도했다. 또 사회주의 계열은 팔로군의 협력을 받아 대일항전에 나서려는 계획을 세우고 있었다. 당시 중국공산당과 팔로군은 연안에 근거지를 두었고 모택동과 주은래 등 지도부는 연안 봉황산 아지트에 있었다.

1942년 조선독립동맹을 결성하고 김두봉이 위원장으로 추대되었으며 조선의용대 대원을 조선의용군으로 끌어들이고 무정이 사령관으로 취임했다. 조선의용군은 조선독립동맹의 산하 군사조직이 되었다. 김원봉은 일부 조선의용대 대원을 이끌고 사회주의 계열과 길을 달리해 광복군을 창설하고 합류했다. 이화림은 조선의용군에 들어 김원봉과 결별하게 되었다. 인간적으로 대단히 섭섭한 일이었지만 가는 노선이 달랐던 것이다.

일제의 압박이 더욱 심해지자, 중국공산당은 연안과 태항산지구로 이들의 이동을 지시했다. 이화림은 무정이 이끄는 조선의용군을 따라 연안을 거쳐 태항산지구로 들어갔다. 위에서 말한 대로 태항산 지구에서 조선혁명군정학교를 설립하고 독립군 양성사업을 했다. 한동안 그녀는 중국혁명사 등을 공부하고 1942년 조선의용군 부녀대 대장이 되었다.

그녀는 태항산지구 시절 남다른 동지인 김창화를 일제의 총에 잃었고, 후배 김학철이 호가장 전투에서 다리병신이 되는 꼴도 겪었고, 그 외 많은 동지들의 죽음을 보았다. 1944년 전쟁이 막바지에 이를 무렵 일본군은 태항산지구를 더욱 압박해 왔고 일본 전투기는 연안 일대를 무자비하게 폭격했다. 조선혁명군정학교는 태항산 지구를 벗어나 연안의 외곽지대인 나가평으로 이동하여 동굴생활을 해야 했다.

그녀는 이 군정학교를 따라와서 연안의대에 입학하여 의학공부를 마무리하려 했다. 그런 생활 속에서도 주민들을 대상으로 시사를 해설하기도 하고 보건위생 상식을 가르치기도 했다. 그녀는 군정학교의 동굴생활은 하지 않고 주로 연안 시내에서 활동했다.

맹렬여성 이화림은 연안에서 감격의 광복을 맞이했다. 그녀는 독립동맹의 지도부인 김두봉, 무정 등과는 달리 북한으로 들어가지 않고 중국 땅에 살면서 마치지 못한 의학공부를 계속했다. "훌륭한 의사가 되어 돌아오라."는 무정의 특별한 당부도 있었다.

그녀는 여러 가지 공로를 인정받아 중국당국으로부터 항일전사 대우를 받았다. 그녀는 하얼빈에서 의사생활을 하기도 하고 북경 교통부 소속 위생 간부로 활동하기도 했다. 그녀는 조선족 자치주가 있는 연길延吉을 왕래하면서 동포들을 돌보았고, 퇴직한 뒤에는 자녀들과 함께 대련大連에서 단란한 만년을 보냈다.

여성의 몸으로 이국 땅에서 수만리 장정을 거듭하며 용케도 살아남았으나 그녀의 소망이 다 이루어진 것은 아닐 것이다.

한편 독립동맹 또는 조선의용군 출신들은 북한에서 연안파로 몰려 탄압을 받았고 일부는 다시 중국으로 망명하는 일이 벌어졌는데 이런 일을 겪지 않은 것이 다행이라면 다행일 수도 있을 것이다. 그녀는 연길 일대에 사는 살아남은 옛 동지들과 가끔 만나 대화를 나누며 남북의 분단을 서러워했다.

오늘날 그녀의 회고담을 담은 출판물이 연길에서 발행되어 청소년들에게 많이 읽히고 있으며 남쪽에서는 한홍구, 염인호, 박은봉 등이 그녀의 행적을 찾아 숨겨진 좌파 독립운동사 또는 개인 역정을 담은 글을 발표했다.

이회영
독립운동 초석 마련한 지도자

최초의 이주사에 얽힌 사연

1911년 초봄, 압록강 건너편 안동(지금의 단동)에서 동쪽으로 횡도천橫道川 가는 500리 길에는 말 100여 필의 행렬이 얼음길을 타고 달리는 장관을 이루었다. 그 중의 한 필을 40대 중반의 씩씩한 장년이 말고삐를 잡고 몰아가고 있었는데 이 사나이가 바로 이회영李會榮(1867~1932)이다.

이회영과 더불어 형들인 건영健榮, 석영石榮, 철영哲榮, 아우들인 시영始榮, 호영護榮과 그 식구들, 그리고 심부름꾼 등 모두 60여 명이 짐을 나누어 싣고 횡도천 임시 거점으로 향했던 것이다. 이씨 형제들은 어떤 연유로 몽땅 이곳으로 이주하게 되었던가. 그리고 어떻게 서간도 지역의 본격적인 최초의 이주사를 기록하

게 되었는가.

이회영은 조선의 명신 이항복의 후손이며 19세기 말기 이조판서 등을 지낸 이유승李裕承의 넷째아들로 태어났다. 나라가 기울어지는 것을 보며 그는 벼슬에 대한 뜻을 버리고 교육운동과 사회운동에 투신했다. 나라에서 탁지부 주사 따위 벼슬을 내렸으나 이를 사양했다.

이때부터 그는 우당友堂이라는 아호로 통했으며 서울의 상동교회를 중심으로 전덕기全德基 목사, 나인영, 이상재 등의 동지들을 만나게 된다. 이 무렵 그는 아전과 노비 등 낮은 신분층에 존대하는 말을 하여 신분해방을 실천했고, 가정이나 사회에서 적

서의 차별을 없애고 개가와 재혼을 장려하는 등 봉건잔재를 타
파하고 나섰다. 그는 과부가 된 자신의 누이를 집안의 반대를 무
릅쓰고 재가하도록 주선했다. 뒷날에는 자신의 종을 독립군으로
삼기도 했다.

을사조약이 체결되자 나인영과 함께 5적 암살에 나섰다. 그는
의병운동이 치열하게 전개되다가 일제에 섬멸당하자 그 기지를
만주로 옮길 것을 이동녕, 이상설, 여준 등과 합의했다. 이렇게
해서 이상설이 먼저 러시아 땅인 블라디보스토크로 망명했다.

1907년 헤이그평화회의가 열릴 적에 이회영이 막후에서 밀사
파견을 공작한 결과 이상설이 수석대표로 결정되었다. 이 사건
으로 끝내 고종이 강제로 퇴위하고 이상설은 영구히 블라디보스
토크에서 돌아올 수 없는 망명객이 되었다.

이회영은 새로운 돌파구를 모색하기 위해 헤이그평화회의에
참석한 뒤 만주에 망명해 있는 이상설을 찾아가 새로운 운동의
활력을 위해 국내외의 운동기구가 발족되어야 하며, 그 기구를
통해 국민교육과 국민각성을 도모하고 비밀조직으로 운동의 중
추를 이룩하고 만주에 광복군을 양성하고 자금을 준비할 것 등
을 합의했다. 이때 이상설은 만주지역, 이회영은 국내를 각기 맡
기로 합의했다.

이회영은 고국에 돌아와 대성학교, 오산학교, 협동학교 등에
인물을 배치하고 자신은 상동교회 안에 둔 청년학원의 학감이
되었다. 한편 비밀조직으로 이동휘, 이동녕, 양기택, 이갑 등과
함께 신민회를 조직했다. 이에 따라 상동교회는 신민회의 아지

트가 되었다. 뒷날 조선총독부는 독립지사들이 우글거리는 상동
교회를 주목한 끝에 1911년 105인 사건을 조작했다. 그리하여
안창호 등 지도자들이 검거되었다. 이 사건은 그가 망명한 뒤에
일어난 것이라 체포를 면할 수 있었다.

압록강물 어느 땐들 마르리

　이회영이 나라를 지키기 위해 동분서주하는 사이에 끝내 나라
가 완전히 일제에 넘어갔다. 이제 더 이상 국내에서 버틸 수 없
게 된 그는 온 형제와 식구들을 설득하여 6형제가 몽땅 간도로
이주하기로 했다. 특히 그의 둘째형 석영은 영의정을 지낸 유원
裕元의 양자로 들어가 유산으로 물려받은 만석지기 땅을 팔아 길
을 떠났다. 이렇게 온 가족이 그의 설득에 호응한 것은 그의 강
한 의지와 지도력을 믿기 때문이기도 했다. 이회영은 압록강을
넘으면서 통한을 담은 시를 남겼다.

　압록강물 어느 땐들 마르리
　이 내 한 끓어올라 끊어질 기약 없네

　여기까지가 그의 인생 제1기에 해당하는 셈이다.
　이씨 일가는 유하현柳河縣 삼원보三源堡 일대에 터전을 잡았다.
이어 1911년 봄에는 이들 중 이석영, 회영 두 집 식구는 더욱 깊

은 산골인 추가가鄒家街라는 마을로 옮겼다. 여기에서 경학사耕學
社라는 민단적 성격을 띤 자치기관의 설립을 보게 된다. 그 목적
은 교민들에게 농업을 장려하여 생활을 안정시키고 교육을 보급
하여 조국광복을 위한 사상적 기초를 튼튼히 하는 것이었다. 사
장은 이상룡, 내무부장은 이회영, 재무부장은 이동녕이 맡았다.

이 경학사 산하에 교육기관으로 신흥강습소新興講習所를 설치
했다가 이 강습소를 토대로 신흥학교를 정식 발족했다. 이 학교
의 교주校主는 이석영, 사장은 이상룡이었으나 실제 설립자는 이
회영이었다. 이 학교의 본과는 중학과정이며 특별과는 사관士官
양성이었는데 교사로는 구한말 무관학교 출신인 장도순張道淳,
제1회 특별과 수료생으로는 변영태卞榮泰 등이 있었다.

이회영은 경학사 설립을 통해 동포의 자치조직을 만들고, 신
흥학교 설립으로 꿈에 그리던 사관양성의 빛을 보았다. 뒷날 경
학사는 부민단扶民團, 통의부統義府, 국민부國民府 등으로 이어지면
서 남만주 항일투쟁의 기간조직이 되었으며, 뒤에 신흥무관학교
로 개편되어 만주 한인 군사교육의 첫 과정을 이룩해놓았다.

뒤이어 이회영은 러시아 땅인 하바로프스크로 가서 이상설과
함께 한국사관학교를 설립하기로 그곳 극동 총독과 합의를 보았
다. 그러나 극동 총독은 그 설립자금 중 일부인 50만환을 한국측
에서 부담하라고 요구했다. 고국에 돌아온 이회영은 어렵사리
고종과 서신을 통했다. 고종은 이미 이회영의 인물됨과 활동을
잘 알고 있는 터라 민영달에게 지시하여 50만환을 전달하도록
했다. 이회영은 이 돈을 하바로프스크에 전달하려 했으나 이미

볼셰비키정권이 들어선 뒤여서 사정은 달라져 있었다.

형제와 뜻이 달라 갈라서고

한편 만주의 아내와 아들이 서간도 일대에서 살아가기가 어려워 이때 서울로 합류해 와 있었다. 1919년 첫 무렵 그는 다시 가족과 함께 상해로 망명의 길을 떠났다. 그런데 이 무렵 고종이 이회영 등의 주선으로 북경으로 망명할 계획을 세우고 있다가 이 사실이 누설되어 독살되었다는 설이 있다.(이관식의 『우당이회영실기』)

고종이 죽은 뒤 곧바로 3·1운동이 일어났고, 상해임시정부가 수립되었다. 이즈음 국내의 인사들이 물밀듯 상해로 몰려들었다. 이회영은 임시정부의 창립을 반대했는데 망명정부보다는 운동조직이 현실적으로 더 요청된다고 생각했던 것이다. 실제 국내의 청년학도들이 몇몇 지도자의 노선을 무조건 따르는 시대는 지나갔다고 판단한 끝에 나온 주장이다. 그는 다른 기성세대와 달리 현실을 이해했다. 시대가 변하고 정세가 변했으니 이에 따른 운동의 방향과 방법을 수립해야 한다는 것과 우리의 운동은 약자로서 세계적 강대국으로 성장하고 있는 강자와 맞서는 운동이므로 우리가 지닌 온 힘을 합하여 하나로 단결된 항쟁을 해야 하는데 과거부터 내려오는 지방적인 또는 인물중심의 대립 등을 일체 지양하고 한마음으로 협력할 수 있는 방법을 강구하자고 했다.(이정규 『우당이회영약전』)

결국 임시정부가 조직되자 예전 당파에 따라 파당을 짓고, 지방이 다른 기호와 서북이 갈라지고, 사회주의자와 민족주의자가 타협을 거부하는 등 주도권을 놓고 쟁투를 벌이기 일쑤였다.

그가 "정부라는 행정적인 조직과는 근본적으로 다른 운동단체를 결성하자."라고 주장한 것은 상해에 와서 임시정부 조직과정을 직접 보면서 더욱 절실하게 느낀 탓이다. 그는 또 "혁명당본부와 독립운동본부와 정부는 성질이 다른 것이니 이를 깊이 고려하라."고 촉구했다.

그는 국내와 노령-간도의 대표들이 임시정부에 반대하는 태도를 보고 더 이상 상해에 머물 필요가 없다고 느끼고 북경으로 돌아갔다. 이때 평생의 동지였던 동생 이시영, 후배 이동녕과 길을 달리하게 되는 쓰라림을 맛보아야 했다. 또 한때 고종을 망명시키려 한 탓인지 복벽파復辟派라는 오해를 받기도 했다. 북경으로 돌아올 적에 그의 나이 50대 중반에 접어들고 있었는데 여기까지가 그의 제2의 인생과정인 셈이다.

독립을 위한 무정부주의

북경에서의 그의 생활은 전혀 새롭게 전개되었다. 공산 소비에트에 관심을 돌렸다가 조소앙의 부정적 견해를 참작한 끝에 회의를 갖기도 했고, 신채호와 함께 구미의 여러 정치제도에 대해 토론을 벌이기도 했다. 그리고 북경에서 중국 소설가 노신魯迅,

러시아 시인 에로센코 등과 자주 만나 끊임없이 토론을 벌였다.

1923년 이회영은 "사람은 자유롭고 평등한 생활을 목적으로 하며 그 실현을 위해 노력하는 것이 옳은 길"이라는 결론에 도달했다. 이제 새로운 사상가로 변신한 것이다.

이런 바탕에서 그는 무정부주의에 접근하게 되었다. 그는 무정부주의라는 자유연합의 이상과 조직의 이론으로 새 한국을 건설해야 한다고 주장했다.

> 자유 평등의 사회원리와 민족자결 원칙에 의해 독립된 한 민족의 내부구조에도 자유 평등의 원칙은 그대로 적용되어야 할 것이다. 권력의 집중을 피하고 분권적인 지방자치제를 확립하면서 지방자치단체의 연합으로서 중앙정치기구를 구성하며……
>
> 위 약전에서 인용

이회영은 신채호, 이정규 등과 함께 재중국조선무정부주의자연맹을 결성했고 그 기관지 『정의공보正義公報』를 발행하면서 패권을 추구하는 공산주의에 대한 비판과 안창호계열이 벌이는 민족개량주의의 무실역행務實力行에 대한 시비를 벌이고 소작 농민운동을 위해 이상촌 건설을 추진하기도 했다. 다시 말해 중국과 소비에트를 믿을 수가 없으니 세계무정부주의자의 연대와 지원으로 한국독립을 이룩해야 한다는 노선이었다.

그는 몇 년 동안 한족연합회 구성 등의 일에 분주하다가 1930년 한때 천진에서 심한 가난 속에 은거생활을 하기도 했다. 이어 상해에서 새로운 운동을 모색하던 그는 만주지역의 독립운동을 조직화하려고 비밀리에 만주로 가는 길에 대련에서 일제 경찰에 붙잡혀 고문에 시달리다가 죽었다. 그가 잡힌 것은 조카가 낀 한인 밀정의 정보 때문이었다 하니 의지에 찬 독립투사에게 깃든 가정적 비극이었다.

해방 이후 이회영의 이름을 아는 이가 적다. 일제는 사회주의자와 무정부주의자를 가장 탄압했다. 8·15 이후 이승만 정권이 반공이데올로기를 내세워 반대세력을 탄압하는 수단으로 써먹은 것과 비슷하다. 그리하여 그를 민족주의자로 추앙하기 이전에 무정부주의자로만 덤터기를 씌운 것이다.

오늘날 그의 손자들이 각기 유수한 정치가와 민권변호사로 활약하고 있으니 음덕을 끼친 탓인가? 그의 아내 이은숙은 『민족운동가 아내의 수기』를 남겨 그 가정이 겪은 고난의 역정을 알려주고 있다. 남대문시장 옆의 상동교회에서는 해마다 그를 기리는 추도식을 거행하고 있으며, 종로구 연지동에 있는 우당기념관에서 여러 가지 행사를 벌인다.

이동휘

좌파 민족해방의 교량

모든 것은 독립을 위해

1910년, 나라가 완전히 일본제국에 넘어가던 해 단옷날, 평양 만수대의 송림 속에서 대강연회가 있었다. 이 강연회의 연사는 윤치호, 이동휘李東輝(1872~1935), 안창호 등이었다. 그들 중 두 번째 연사로 등단한 이동휘의 강연제목은 '평양의 풍속개량'이었다.

"청년들이 기생집에 가서 재산을 탕진하는 일을 그만두지 않으면 나라는 망해버린다."

그는 단상에서 열변을 토했다. 선우훈鮮于燻의 회고에 의하면 이날 이동휘의 연설내용은 대단히 격정적이어서 연설 중 "왜놈의 울타리가 점점 평양성을 삼키려는구나! 너 이놈들아, 무엇을 하고 있느냐? 나와 같이 저 대동강에 빠져 죽자."고 하며 주먹으로 책상을 치고 눈물을 흘리며 피를 토하는 연설을 하여 수많은 관중이 울었다고 한다(윤경로 『105인 사건과 신민회연구』).

이처럼 그는 격정적인 성격을 지닌 사람이었다. 그는 정열적으로 청년교육에 관심을 기울여 '교육구국론'을 폈는데, 나중에는 민족해방노선에서 급진파 또는 무단파로 평가되고 있다. 이동휘는 조국을 찾는 데 도움이 된다면 기독교세력이든 공산주의 세력이든 이용하고 끌어들이겠다고 공언했다. 그는 비록 고려공산당을 이끌었으나 철저한 민족주의자로 지목되었다.

이동휘는 호를 성재誠齋라 했으나 별로 그렇게 불리지 않았는데 아마도 단천의 아전 출신이라는 신분 탓인 듯하다. 그의 집안은 조선시대 '상놈' 또는 중인으로 치는 아전이었다. 그도 어릴 적 아전업무에 필요한 이문吏文 따위를 배운 뒤 18세 때 단천 관아의 통인노릇을 했다고 전한다. 그러나 군수 홍종후洪鍾厚의 탐학을 보고 청동화로를 뒤집어씌우고 도망쳐 나왔다고 한다.

청년 이동휘는 같은 지방 출신의 고관 이용익李容翊에게 줄을 대서 무관학교를 졸업했으며, 궁전진위대장宮殿鎭衛隊長, 강화진위대장江華鎭衛隊長 등의 군사요직을 거쳤다. 그러다가 1907년 이른바 한일신협약으로 구한국군을 강제해산시키자 그도 떨려날 수밖에 없었다. 이때 그는 강화진위대원 50여 명과 민간인 600여 명을 모아 일본군을 공격해 6명을 살해하고 일진회 회원인 군수를 죽이고 탄약고를 불태웠다. 이 일로 하여 황해의 섬으로 유배되었다.

그는 군인으로 현직에 있을 때부터 은밀하게 두 가지 일을 추

진했다. 하나는 비밀결사 조직과 가담이었고, 다른 하나는 청년 교육을 확대하는 일이었다. 1907년 4월경 안창호, 이갑, 이동녕 등과 함께 서울 상동교회 중심의 신민회를 발기했고 이를 통해 구국운동을 펼쳤다. 신민회 조직이 확대되면서 그는 함경도 책임자로 일했다. 신민회가 기독교 계통 인물들이 중심역할을 할 때 그도 기독교도가 되었다.

이동휘는 1908년 강화도에 보창학교를 세운 뒤부터 전국에 분교 성격의 학교 7~8개를 설립했다. 그는 학교를 설립하면서 선교사나 부호의 협력을 받기도 했다. 이 학교들은 신교육을 통해 민족의식을 고취하는 일에 앞장섰다. 특히 이들 학생 중 17명이

'국가를 위해 몸바칠 결의'를 다지며 단지동맹斷指同盟을 결성했다. 곧 손가락을 잘라 그 피로 맹세의 글을 써서 목숨을 걸고 지킬 것을 다짐하는 것이다. 이 일로 하여 일제의 탄압을 받게 된다. 안중근 의사도 뒷날 이 단지동맹으로 결의를 다진 바 있다.

한편 함경도 출신 인사인 이준 등과 한북흥학회漢北興學會를 조직했다가 이갑의 서우학회와 합하여 서북학회로 발전했으며, 서북학회에서 대성학교, 오산학교 등을 설립했다. 만수대의 강연회는 대성학교 학생들을 모아 벌였던 것이다. 이제까지의 시기가 그의 1단계 생애에 속한다.

칼에는 칼로 맞서리라

1909년에 들어 정세는 더욱 긴박해지고 있었다. 이동휘는 온건한 사회운동이나 교육운동을 버리고 테러와 암살 그리고 무장항쟁으로 방향을 전환했다. 평양 태극서관太極書館에 모인 이동휘, 이갑, 유동열柳東說 등은 "조선은 머지않아 멸망하지 않을 수 없는 비운에 처해 있다. 이를 극복하기 위한 방법은 오직 암살한 가지 뿐이다."라는 결론을 모았다. 그는 옛 군 동지인 연기우延基羽 등과 강화도 전등사에서 의병조직을 모의하다가 발각되어 잠시 유배생활을 했다.

이 무렵, 안중근 의사에 의해 이토 히로부미가 피살되었고, 이재명李在明 의사가 이완용을 암살하려는 기도가 있었다. 이런 운동으로 하여 신민회를 무장암살단체로 인식하게 되었던 것이다.

1910년 12월, 압록강 철교 준공식에 조선총독 데라우치 마사다케寺內正毅가 참석하게 되었다. 이때 일제는 신민회 회원들이 데라우치를 암살하는 공작을 꾸몄다며 신민회원 105인을 체포·구금했다. 이때 이동휘도 체포되었으나 원래 조작된 사건이어서 기소를 면했다.

그는 국내에 머무르기가 어려워지자 활동무대를 북간도로 옮겼다. 그곳에서 이동휘는 장로교회 교역자를 중심으로 삼국전도회를 조직하여 전도사업을 벌이는 한편 무관학교를 설립하여 간도국민회 산하의 독립군을 양성했다.

일제의 감시는 이곳까지 끈질기게 뻗쳐 왔다. 그는 1915년 무렵 러시아로 망명했다. 1917년 볼셰비키 혁명이 이룩된 뒤에도 블라디보스토크에서는 적군赤軍·백군白軍의 대결이 치열했으나 우리 한족들은 중립을 선언하고 있었다. 이동휘는 혁명을 부르짖는 볼셰비키와 손을 잡는 것으로 민족운동의 방향을 정하고 한인사회당을 결성했다. 이 전환이야말로 극적인 것이었다. 도대체 기독교인이 사회주의 정당을 결성한다는 것 자체가 걸맞지 않는 것이었다. 그의 의식 속에는 민족이 모든 것에 우선하고 있었던 것이다.

3·1운동 이후 블라디보스토크에서도 한인사회당 대표대회가 열렸다. 이 결과 사절단을 모스크바에 파견하여 코민테른(공산당 국제연맹)에 정식 가입했다. 이제 한인사회당은 볼셰비키의 자금 지원과 협력을 얻게 된 것이다. 이 기간이 그의 2단계 생애에 해

당된다.

조선 독립에만 힘쓰는 공산당원

그는 상해임시정부가 태동되고 각지의 세력이 참여할 적에 러시아 지역 세력의 대표자 자격으로 국무총리에 취임(초기에는 군무총장)하게 되었다. 그는 부하들을 이끌고 활기찬 모습으로 상해에 나타났다.

그가 임시정부에 자리잡은 뒤 서서히 내부 갈등이 표출되었다. 지역으로는 기호와 서북, 운동 방향으로는 문치파文治派와 무단파武斷派, 심지어 봉건잔재인 당색으로는 노론과 남인, 정체로는 공화제파共和制派와 복벽파復辟派로 갈라져 싸우고 있었다.

이동휘는 무단파의 두령이었다. 그가 이끄는 무단파는 큰 세력을 형성하고 있었다. 그는 한인사회당을 고려공산당으로 개칭했고 모스크바에서 얻은 40만 루불의 막대한 자금을 사용하여 세력을 키웠다. 그 자금은 중국공산당과 일본 좌익세력 그리고 국내의 공작비로도 지급되었다. 또 만주 일대에서 경신대참변으로 독립군들이 밀산현과 자유시로 이동할 적에 구호금으로 지급되기도 했다. 이 자금은 철저하게 자기파에게만 지급되고 임시정부 재정에는 한 푼도 사용되지 않았다.

이 사실이 알려지자 그에게 숱한 비난이 쏟아졌다. 그는 반대파에 밀려 국무총리 자리에서 물러나지 않을 수 없었다. 이 사건이 그가 임시정부와 인연을 끊게 된 직접적 동기였으나 실상은 임정 내 반공산세력의 끈질긴 반감에서 연유한 것이다. 그가 위임통치론을 들고 나온 이승만 퇴출운동을 가장 열렬하게 벌인 것도 물러나게 된 동기가 되었을 것이다.

1921년 이동휘는 이극로李克魯 등을 대동하고 모스크바에 도착하여 이르쿠츠크파(전 러시아 한인공산당)가 저지른 한인사회당에 대한 자금탈취와 볼셰비키정부가 유발한 자유시참변으로 인한 독립군의 희생을 엄중항의했다. 그의 당당하고 논리적인 언변은 많은 사람의 공감을 불러일으켰다. 이때 그의 성가가 모스크바에 널리 알려졌다.

1922년 극동 피압박민족 문제를 다루기 위해 모스크바에서 극동인민대표대회가 열렸다. 이때 이동휘는 김규식, 여운형, 나용균羅容均, 홍범도 등 한국대표단 52명을 이끌고 참석해 피압박민족의 고통을 알리고 자금지원을 호소했다. 그는 대표단과 함께 레닌을 만나 도움을 달라고 설득했다. 이때도 그의 정열이 유감없이 발휘되었다.

코민테른에서 그해 연말 고려공산당을 해체하고 코르뷰로高麗局(공산당의 산하기구)로 대체하면서 그 위원이 되기도 했으나 곧 지도자의 자리에서 밀려났다. 너무나 자기 주장이 강한 그를 경원했던 것이다. 그는 코르뷰로나 조선공산당을 조직하기보다 민족당 조직을 강조했던 것이다. 그는 1923년 만주의 영고탑에 근거지를 두고 350여 명의 청년을 모아 적기단赤旗團을 조직했다. 그는 이렇게 외쳤다.

우리는 민족혁명과 무산계급 공산혁명 그 어느 것에도 구애받지 않는다. 한족의 혁명이라면 추진한다.

그 뒤 1925년 국내에 조선공산당이 결성되었으나 그는 아무런 영향을 주지 않았다. 그는 다시 블라디보스토크로 가서 국제혁명자후원회에 들어가 마지막 정열을 불태우며 열성적으로 일을 했다. 하지만 소비에트로부터는 소외되는 처지였다.

왜 그는 만년에 소외를 당했을까? 코민테른의 원동부遠東部 위원은 "고려공산당은 조선독립에만 전념하고 공산주의 선전은 단지 편의로 겉으로만 내세우고 있으니 본래의 공산주의운동에는 백 가지 해만 있지 한 가지 이로움도 없다."고 보고했으며 조선총독부의 정보자료에도 "원래 고려공산당 최후의 목적은 조선독립에 있으므로 공산주의 선전에 사용한 자금도 요컨대 독립운동에 사용한 것이 된다."고 했다. 그리고 이동휘 자신은 공산주의가 무엇인지 아무것도 모른다고 평소에 말했다 한다.

이동휘가 구한국군인이 된 것이나 기독교도가 된 것이나 공산주의자가 된 것은 모두 독립을 위한 하나의 방편이었음을 알려주는 이야기들이다. 그는 몇 단계를 거쳐 방법적으로 변화를 보였다. 오늘날까지도 그는 남북 양쪽에서 제대로 평가받지 못하고 있는 대표적인 인물이다. 편향된 정치적 작용과 편협한 이데올로기의 잣대를 떠나 바른 평가가 이루어져야 민족사의 참모습이 드러날 것이다.

그는 만년에 블라디보스토크에 집을 두고 동포들을 찾아다니

는 삶을 살다가 여생을 마쳤다. 1995년 그는 임시정부 국무총리
의 역할을 인정받아 독립유공자로 인정을 받았으며, 건국훈장
대통령장이 추서되었다.

김규식(노은)
만주독립투사의 거목, 암살당하다

동명이인 세 사람의 독립운동가

우리나라 독립운동사를 연구하는 학자들은 세 사람의 동명이인을 두고 혼란을 겪기 마련이다. 여기에서 소개하는 인물은 만주지역에서 벌어진 청산리전투에 참여하는 등 활발하게 독립활동을 한 노은蘆隱 김규식金奎植이다. 그의 활동은 그동안 묻혀 있었다고 표현해도 과언이 아닐 정도로 알려져 있지 않았다.

오늘날 인명사전 등 여러 기록에는 한글이름이 같은 세 명의 독립운동가가 등장한다. 한자 이름으로는 김씨 성을 가진 인물로 규식圭植 또는 규식奎植이 뒤섞여 표기되어 있기도 하다. 그리고 상해 등지에서 공산당 활동을 하며 민족운동을 전개했다고 전해지는 인물인 김규식金奎植도 있다.

이러한 오류는 독립유공자에 대한 기록이 부실한 탓이다. 현
재 국가보훈처의 『독립유공자공훈록』에는 김규식이라는 세 명
의 독립유공자가 소개되어 있다. 그런데 이름과 생년월일 또는
활동에 대한 기재사실이 각기 조금씩 다르거나 뒤섞여 혼란을
유발하고 있다.

임시정부 요인이자 해방공간에서 정치적 주역으로 활동한 우
사尤史 김규식金奎植과 노은 김규식의 관련사실이 뒤섞여 있고,
경상북도 안동 임하 출신으로, 중국 만주로 망명하여 청산리전
투와 서로군정서에서 활동한 김규식金圭植에 대한 사실이 혼재되
어 기록되어 있다.

암살로 마감한 생애

이 글의 주인공인 노은 김규식의 이름자와 생년월일과 출신배
경을 알아본다.

이름의 '규'자는 두 가지로 나타난다. 일부 기록에는 규圭로 표
기되어 있다. 곧 윤병석의 『독립군사』, 이강훈의 『청사에 빛나는
순국선열들』, 『공산주의운동사』 등에는 쌍토 규 자를 쓰고 있는
것이다.

구리시에서 발부한 1999년의 호적부(1938년 2월 24일 호주상속신고
에 의하여 편제)에는 분명하고 일관되게 규圭자로 적혀 있다. 또 김
규식의 사망신고 등 호적부에 등재한 여러 기록에도 한결같이

규奎자로 기재되어 있다. 따라서 김규식의 한자 이름은 규식奎植임이 틀림없다. 우사 김규식과는 한자도 같은 이름이고, 안동 출신의 김규식과는 한자의 '규'자가 다른 것이다.

아버지는 김영선金永先으로 나타나 있다. 김규식의 호적부는 한국전쟁 당시 유실되었다. 다만 1919년 김규식의 사망신고와 같은 해 장자 현욱顯旭의 혼인신고를 할 때 이 사실이 호적에 기재되어 있으나 그전의 김규식의 호적 기재사실은 유실되었다. 이 호적에 따르면 그의 본관은 김해金海이다. 김규식 부모에 대한 사실은 기재되어 있지 않다.

한편 일제가 조사한 신상명세서(1936년 간행 『사상연구자료』 특집 제25호, 정부기록보존소 3421-6115)에는 그의 신분을 상민常民이라 표시했다. 양반신분은 아닌 듯하며 아마도 중인신분이거나 양인신분으로 추정된다. 그가 무관학교에 입학할 시기에는 입학 자격에 신분의 제한을 두지 않았던 것이다.

하지만 김규식의 아내에 대한 사실은 간단히 기재되어 있다. 부인 이름은 주명래朱明來로 아버지는 주원식朱元植(본관 경주), 어머니는 염전능廉典能이며 생년은 1881년 12월 15일로 되어 있다. 1919년(대정 8년) 남편 김규식의 사망으로 혼인관계가 해소되었다는 사실이 기재되어 있으며, 1974년 12월 1일 중국 흑룡강성 상지시 하동향 대성촌에서 사망한 사실이 병기되어 있다.

김규식의 호는 노은蘆隱 또는 호은芦隱으로 나타난다. 노은은 위 『공훈록』과 관련된 기록에 표기되어 있다. 호은은 민족문화대백과사전(필자 김광남)과 강용권의 『만주항일유적지 답사』(죽은 자의 숨결, 산 자의 발길), 그리고 『독립운동대사전』(이강훈편저)에서 표기하고 있다. 독립운동사에 밝은 이강훈은 호를 앞 소개 글에서는 '호은'이라 했으나 본문에서는 정자로 노은이라 썼다.

노蘆(갈대의 뜻)의 획수가 복잡하여 다른 사람들이 약자인 '芦'라고 써서 표시했다고 보아야 할 것이다. 따라서 그의 호는 노은이다. 옛 양주군에는 노원면蘆原面(현재의 서울 노원구 일대)이 있었다. 1914년 조선총독부에서 전국의 면제를 전면적으로 개편할 때 해등촌면과 노원면을 합해 노해면으로 개칭했다.

노원면에는 중랑천 상류의 한천漢川이 남쪽으로 흐르며, 남북으로 마들평야가 전개된다. 한천과 마들평야 또는 중랑천에는 갈대숲이 무성했다. 아마도 김규식이 이 언저리에 살면서 "갈대숲속에서 은거한다."는 의미를 따서 호로 삼았을 개연성이 높다. 또 이곳 주변에 있는 수락산과 불암산에서 의병활동을 했다는 일제의 기록과도 무관치 않을 것이다.

다음 그의 이명을 사도賜道(字인 듯)라 한 내력은 정확하게 알 수 없다. 한국에서 의병활동을 할 때부터 사용했는지, 만주로 망명한 뒤 사용했는지 알 수 없다. 다만 만주에서 망명생활을 하면서 신분을 숨기려 변성명을 하는 인사들이 많았다는 점을 감안하면 '사도'는 망명시기 사용했을 것으로 추정된다.

일제가 조사한 신상명세서(1919년, 대정 8년)에는 변명이 김성金成으로 기재되어 있다. 이는 국내에서 활동할 때 사용한 변성명인 것으로 추정되며 만주에서는 김성金圼으로 변명했다고도 한다. 우사 김규식의 별명이 김성金城이라고도 했다고 하니 혼동할 수도 있을 것이다.

그를 호장군虎將軍 또는 '호랑이 영감'이라는 별명으로 부르기
도 했다. '호랑이 영감'은 그의 딸인 현태의 증언으로 알려졌다
(강용권의 위의 책). 손자 건배는 집안 식구들이나 주변 사람들이 다
알고 있는 별명이라고 했다.

호적에는 유실된 탓으로 그의 생년월일이 기재되어 있지 않다.
딸 현태와 손자 건배는 말띠(壬午生)라고 증언하고 있다. 곧 1882
년 임오군란이 일어나던 해 태어난 것이다. 『국외에서의 용의 조
선인명부』와 일제가 조사한 그의 신상명세서에는 '명치 15년 1
월 15일생'(1882년)으로 기재되어 있으니 위의 증언과 일치한다.

이와 달리 『구리시지 상』(1996년 발행)에는 1880년생으로 기재되
어 있다. 이는 위에서 말한 안동 출신 김규식의 생몰연대를 잘못
옮긴 『공훈록』의 기록을 그대로 따른 탓으로 보인다.

그가 죽은 해가 호적에는 1919년이라 기재되어 있으나 아마도
망명 뒤 소식이 끊기고 또 일경의 감시가 심하여 가족들이 이를
모면하려 사망계를 계출屆出했을 수도 있다. 그는 정확하게 1931
년 5월 10일 빈강성(흑룡강성) 상지시(주하현) 하동향에서 암살되었
다. 곧 한족총연합회 문제로 홍진, 신숙 등과 회합할 때 반대파
가 권총으로 살해한 것이다. 당시 그는 연수에서 학교설립 일로
분주했다.

이 자리에 합석했던 신숙은 범인 중 체포된 한 사람의 말을 빌
려 이렇게 증언했다.

"누구보다도 과거부터 비력이 과인하고 운동선상에서 호장虎

將이란 칭호를 받던 김규식을 제거할 필요가 있다는 점에서 감히 이런 폭행을 한 것인데 그자들은 마침내 김규식의 생식기를 뽑고 시체는 마의하 강 속에 투입했으며……"(『강재 신숙의 생애와 독립투쟁』)

이강훈은, 암살자들은 자치연맹의 경비대원 유희춘 등 5명이었다고 기록했다(『청사에 빛난 순국선열』 등). 주명래는 김규식이 김좌진은 청산리 전투 때 소를 거꾸로 타고 달아났다고 분개했으며 홍범도의 활동을 높이 평했다고 한다. 김좌진과 김규식 계열이 갈등을 빚은 것으로 보인다.

그의 손자 건배도 같은 증언을 하면서 "마대로 싼 시체를 어부들이 건져올렸는데 아들 현성이 달려가서 자수보 근처에서 화장했다."고 했다. 그의 시신을 강물 속에서 찾아 장수보 주변에서 화장했으니 그의 묘지는 존재하지 않는다.

<h2 style="color:red; text-align:right;">출생지와 가정 배경</h2>

그의 출생지는 어디일까? 일제가 조사한 신상명세서에는 출생지가 경기도 양주군 구리면 사노리 281번지로 기재되어 있다. 『국외에서의 용의 조선인명부』의 본적란에도 같은 주소를 적어 놓았다. 호적의 기재와 일치한다. 구리시의 호적에 적은 기록과 같은 주소지이다.

당시 구리의 행정제도 변천과정을 살펴보자.

구리 주변지역은 일제 식민지 시기 초에 경성부 두모면과 경기도 양주군 구지면·망우리면·고양주면으로 나누어져 있었다. 그런데 이때의 개편으로 양주군 구지면과 망우리면이 통합되고 여기에 양주군 진관면·별비면·미음면·노원면 일부 지역이 편입되어 구리면이 되었다. 그리고 동리도 통폐합되어 중하리·상봉리·신내리·망우리·인창리·사로리·교문리·수택리·토평리·아천리·갈매리 등 12개리로 재편되었다.(『구리시지』 상)

1914년 면 체제로 개편했을 무렵의 구리 행정구역을 말한 것이다. 여기에는 김규식이 본적을 둔 사로리가 나타나고 있다.

한편 이강훈은 "서울 미동에서 출생했다."고 했다. 그는 서울에서 출생했을 가능성이 있다. 이강훈은 독립운동가의 일화와 견문을 많이 알고 있는 것으로 알려져 있다. 아마도 들은 말을 적어 놓은 것으로 추정된다. 다음에 언급할 아버지의 행적과 관련이 있는 것으로 보인다.

건배는 김현찬에게서 들은 집안 내력을 다음과 같이 전해주고 있다(1991년도 증언). 그의 아버지 영선은 '황제묘'에서 일을 보았다 한다. 아마 궁내부 또는 궁중에 속한 낮은 벼슬아치였을 것이다. 김현찬의 부모는 김영선의 도움으로 능묘에서 밥과 술을 팔아 부자가 되었다. 사위인 정동일鄭東日도 황궁에 근무했다 한다.

할머니(김규식의 아내인 주명래, 1974년 사망)가 전해주는 집안 내력은 다음과 같다.

김영선은 4남매를 두었다. 첫째는 딸로 이름이 무술이었다. 무술은 서울 갑붓집 아들인 정동일에게 시집을 갔다. 그러니 김영선과 정씨가 같이 황궁에 근무한 인연으로 사돈을 맺은 것으로 볼 수 있을 것이다. 정동일은 김규식이 인천에서 체포되었을 때 도움은 준 사실이 발각되어 곤욕을 치렀다고 한다.

큰아들이 김규식이고 둘째 아들은 김창식金唱植이다. 김창식의 직업은 알려져 있지 않으나 김규식이 의병활동을 할 때 화약을 공급하는 등 도움을 주었다 한다. 김창식은 뒤에 서울 행당동에 살았는데 김규식의 막내아들 김현륜이 병치료를 할 때 기거한 적이 있다. 서자 김윤식(아명 금술)은 그 행적을 확실하게 알 수 없으나 사업 일로 강릉에 거주하면서 광대조직을 운영했다 한다.

김규식의 부인 주명래의 집안 내력은 다음과 같다(주원식의 손자 주인태의 증언, 2004년 9월 30일 증언).

사로리에는 주씨가 약 40여 호 살았다 한다. 주원식은 아들 주부길朱富吉, 주귀길朱貴吉과 딸 주명래 등 3남매를 두었다. 두 아들은 사로리의 안말 아래쪽에 나란히 집을 짓고 살았다(현재 261번지). 그 집안은 몇 백 석지기 부자였다. 김규식이 중앙선 구리역 앞(지금의 인창초등학교 앞)에서 의병투쟁을 하다가 발 뒤꿈치에 총탄을 맞아 처가로 와서 몸을 피하며 치료를 한 뒤 불암산으로 이동한 적도 있다.

어느 해 가을, 일본 헌병들이 몰려와 주원식의 부인에게 총부리를 겨누고 사위를 내놓으라고 윽박질렀다. 그들은 집안을 샅샅이 수색한 뒤 두 채의 집에 불을 질렀다. 이때 초가 두 채와 쌓아둔 벼들이 일주일 동안 탔다고 한다. 이처럼 김규식의 처가는 핍박을 받았으나 주씨들이 직접 의병활동에 참여하지는 않았다 한다. 지금 그 집터는 밭으로 변해 빈터로 남아 있다.

1908년(융희 2년), 김규식이 마전·연천·양주·철원 등지에서 의병활동을 하고 이인영과 의병창의를 한 혐의로 체포되어 판결한 문서에는 그의 주소가 경성 동서東署 돈암현으로 되어 있다. 그가 27세 무렵의 사건이었으니 이 무렵에는 서울에 주거지를 두었든가 또는 구지면 사로리에 본집을 두고 서울에 임시거처를 마련했던 것으로 보인다.

사로리는 동구릉산(검암산) 동쪽 끝자락에 자리잡은 마을이다. 사로리는 양지말·연제말·두레묵골·안말 등 네 개의 동네로 구성되어 있는데 김규식의 고택(생가로 보임)은 안말內洞의 산 끝자락에 자리잡고 있었다. 안말에는 예전에 100여 호가 살았다 한다(현재 이곳에 거주하는 임정규의 증언). 안말에는 박씨와 임씨가 집성촌을 이루어 살았고 주씨들이 일부 살고 김씨는 서너 집 정도였다. 김규식의 장남 현욱은 이곳에 살던 임씨로 보이는 임근호林斤虎와 혼인한 것으로 보아 임씨와 김씨는 세혼世婚이 있었던 것으로 추정된다.

김규식의 고택은 마을 언덕 위에 있어서 마을의 집들이 모두 바라다보인다. 지번은 281번지이다. 그의 딸 현태의 증언을 들어보자.

"나는 1915년 1월 20일 조선 경기도 양주군 구림면 사로리에서 태어났다. 부친은 호은 김규식이고 모친은 주명수朱明洙(洙는 호적에는 來로 기재)인데 부친이 15세, 모친이 16세에 서울에서 결혼한 후 4남 1녀를 두었다. 나는 우리 가정에 하나밖에 없는 딸이다(위 강용권의 책).”

　물론 이 증언의 ‘구림면’은 ‘구리면’을 잘못 기억한 것이다. 김규식이 결혼식을 서울에서 가졌다는 사실을 알려주고 있다. 어머니나 집안에서 들은 이야기를 전해주었을 것이다. 이로 보아도 서울에 일정한 근거지가 있었음을 알 수 있다.

　현태는 1915년생이다.

　“내가 아직 세상에 태어나기 전부터 망해가는 나라를 구하려고 집을 떠나 활동하다가 일경에 체포되어 감옥살이를 했다. 아버지가 출옥한 후부터 우리 집은 밤낮으로 일경들의 감시를 받게 되었다. 제삿날과 같이 사람이 조금만 많이 모이면 경찰들이 와서 샅샅이 조사했고 아버지가 며칠만 보이지 않아도 따지고 들었다. 이런 삼엄한 경계 속에서도 아버지는 비밀활동을 계속하다가 경술년에 만주로 망명했다. 아버지가 떠난 것 때문에 어머니가 경찰서에 잡혀가 많은 고통을 받았다고 한다. 아버지가 만주로 들어온 다음의 일은 나도 잘 모른다.”

　“우리 가정이 아버지를 따라 만주로 오게 된 것은 내가 11살 때니까 1925년이다. 아버지한테 소식이 왔는데 쓰던 집기들을 그대로 두고 사람만 조용하게 나오라는 것이었다. 우리 집은 그때까지도 계속 감시를 받고 있어 대낮에 공개적으로 이사할 수는 없었다. 우리 집엔 조상들이 물려준 재산도 꽤 있었고 훌륭한 기와집도 있었다. 집을 팔기는커녕 모든 물건을 사람이 살고 있는 듯이 두고 나왔다.”

　이로 보면 김규식의 생활수준은 중산층으로 보인다. 일제가 작성한 신상명세서에는 집 한 채와 부동산을 합해 약 5백원 시가의 재산을 가지고 있다고 기재했다. 적어도 중농 이상의 생활 수준이었다고 판단된다. 임정규도, 기와집에서 살았고 생활형편이 큰 부자는 아니었으나 살만했다는 말을 전해 들었다고 증언하고 있다.

일부 기록에는 김규식이 1910년(경술년) 또는 1912년에 단신으로 망명했다고 했다. 그런데 어떻게 딸이 1915년에 태어날 수 있을까? 또 셋째 아들 현의顯毅는 1907년생, 막내아들 현륜顯崙은 1918년생이다. 그렇다면 김규식이 망명한 뒤에도 구리 집에 가끔 왕래했다는 말이 아닌가? 망명한 뒤 그렇게 자주 잠입하기는 어려웠을 것이다. 아마도 김규식은 자녀들을 낳은 뒤 망명했을 것이다.

위 증언은 명확하지는 않으나 현태가 태어났다는 사로리 집의 정황을 말했다고 보아야 한다. 가족들이 서울에 거주했다는 분위기가 전혀 없다. 또 김규식이 처가살이를 했다는 증거도 찾을 수 없다. 그의 가족은 그가 망명한 뒤에도 사로리에 살았을 것이다.

초기 국내활동과 첫 망명지

그의 국내 이력과 행적을 간단하게 살펴보자. 일제의 기록은 두 가지로 나타난다. 첫째, 그는 대한제국의 무관학교를 졸업하고 참위參尉(소위)로 임명되어 장교가 되었다(『고등경찰요사』 등). 그 뒤 시위대 부교副校, 육군연성학교 조교로 있다가 1906년 자진 퇴관했다.

둘째, 그의 신상기록에, 1902년 1월경 한국사관학교 견습생으로 채용되어 수업을 받던 중 다음해 5월 폐교에 따라 퇴교를 했다고 했다. 퇴교를 당하던 해 11월에 한국시위대에 입대하여 1906년 육군보병부교로 승진한 뒤 제대했다.

이를 검토해 보자. 위에서 말한 한국사관학교는 말할 나위도 없이 1896년에 초급무관 양성을 위해 세운 무관학교를 말한다. 무관학교는 여러 번 개편되었으며 20세 이상, 30세 미만의 청년이 입학할 수 있다는 연령 제한이 있었다. 김규식이 입학할 수 있는 연령요건은 1902년이어야 한다.

1904년 무관학교가 일본식으로 개편된 뒤 차츰 대한제국군 소속 장교의 임명이 어렵게 되었으며, 1907년 군대해산으로 말미암아 모집정원이 축소되는 따위 유명무실하게 변질되었다가 1909년 완전 폐지되었다. 이런 과정에서 김규식의 무관학교 졸업과 장교 임명과정이 평탄치 않았을 것이다.

1903년 "한국시위대에 입대"했으며, 장교와 하사관의 재교육기관인 연성학교의 조교로 있었다 했다. 시위대는 1895년 처음 서울 방어를 위해 설치되었다. 연성학교는 1904년 설치되었다. 위에서 말한 '육군보병'은 시위대를 말하며 '부교'는 바로 시위대 3개 대대의 1개 대대마다 3명씩 둔 장교였다. 위 기록에는 그가 1908년 제대한 것으로 되어 있다.

1907년 구한국군대가 한국통감부의 압력으로 해산되자 군인들이 폭동을 일으켰다. 시위대 제1대대장 박승환朴昇煥의 자결을 계기로 군인폭동이 일어나면서 시위대도 폐지되었다. 그가 1906년 자진 퇴관했다 했으니 이 폭동에는 그가 참여하지 않았던 것으로 보인다.

그는 군에서 나온 뒤, 구한국 군인을 모아 강원도 철원과 경기도 양주 등지에서 의병활동을 했다. 그는 이 시기 의병활동에서 용맹을 떨친 것으로 알려져 있다. 특히 유명한 의병대장인 허위와 이인영의 부하로 알려져 있다. 허위는 경상도 선산 출신, 이인영은 경기도 여주 출신으로 한때 문경에 은거해 있었다.

황현은 『매천야록』에 그들에 관한 기록을 남겼다.

허위와 이인영의 부하인 조수연, 김규식, 홍인관, 이병채, 장순원, 오수영, 김연상, 황재호, 이명기, 연기수, 고재석, 박종한, 윤인선, 황순일, 김운이, 이동섭 등 16인이 역사力士로 알려졌다. 의병장 허위가 잡혔으며 부하 김규식도 잡혔는데 뛰어난 용맹이 있어서 호송 도중 묶은 줄을 끊고 몸을 솟구쳐 달아났다.

이 글의 김규식은 노은 김규식이 분명하다. 이인영이 1907년 12월, 13도 창의대장으로 추대되어 다음해 1월 전국의 의병 1만 5천여 명을 이끌고 양주(구리)에서 동대문 밖으로 진격했을 때다. 김규식이 참여한 것으로 알려져 있다. 두 사람은 사돈 사이가 되었다. 훗날 김규식의 둘째 아들인 현성과 이인영의 손녀딸이 부부의 인연을 맺은 것이다. 만주 하동에서 두 가족은 한 마을에 살았다. 이인영의 손자인 이종갑의 증언에 따르면 두 집안은 김규식이 죽은 뒤에도 우의를 돈독히 하여 혼인을 맺은 것이다.

이런 혼맥으로 보아도 김규식은 정확한 시기는 확인할 수 없어도 허위와 이인영의 부하로 일찍 영남의병에 합류한 것으로 보인다. 그가 체포되어 재판한 판결이유에는 다음과 같이 적혀 있다.

> 피고는 전에 육군보병 부교로 육군 연성학교에 봉직하다가 광무 10년(1906년) 음력 10월 중에 원에 따라 퇴관하여 무직으로 날을 보내던바, 융희 원년(1907년) 음력 6월에 이르러 전 육군정위 현덕호玄德鎬가 주관하는 이현 기독신흥학교의 교무에 관계하더니 동 7월 중에 현덕호의 발의에 응하여 그 당시 정부에 대해서 불만의 뜻을 품고 이를 변경하려고 현덕호와 같이 양주군 동두천에 가서 자칭 의병괴수 허위의 부하에 투입하여 그의 도당 4~50명 내지 60여 명을 거느리고서 피고는 교련부하의 명목으로 총검을 휴대하고 마전, 삭녕, 연천, 양주, 철원 등 각 군을 횡행할 때에 일본병과 4~5차 교전한 일이 있어서 그때 동당 중 김창순이라는 자가 바로 피살된 바 그의 장례비용으로 쓰기 위하여 양주 불암동 동네에서 돈 1천 냥과 이 동리 송인식에게서 돈 8백 냥을 강탈하고 또 동년 12월에 창의원수 이인영과 합진하여 피고는 사령장使令將이 되어 그의 부하로 종사하고 그의 도당 1천 5백여 명 가량을 거느리고서 장단, 양주 등의 군에서 일본병과 교전하여 괴수 허위와 이인영의 하수자로 그 목적 수행에 종사한 자이다.
>
> 융희 2년 8월 25일 선고

1908년 8월 25일자 판결문 내용이다. 이로 보면 그는 군인폭동 이전에 퇴관한 것이 분명하다. 이 판결에서 그는 내란의 종속범으로 인정되어 유형 15년의 형을 선고받았다. 이때 그에게 지정한 유배지는 알 수 없으나 2년 뒤 은사조치로 풀려났다. 그 뒤에는 은거한 시기였던 것이 분명하다. 그는 부상을 당하고 은신해 있었다 한다.

1920년 8월 경성고등법원에 내란죄로 다시 기소되었다. 이때 그에게 적용한 내란죄는 3·1운동과 관련이 있는 것으로 보인다. 당시 양주군에서는 시위 혐의로 117명이 체포되었다. 구리면 아천리에 사는 이강덕과 심점봉은 아천리 주민 수십 명을 시위에 합류시키고 국기를 들고 이웃 마을인 토평리, 교문리로 진출하여 시위를 벌였으며 이어 아차산 정상에 올라가 태극기를 꽂고 만세를 불렀다. 두 사람은 체포되어 징역 1년 6월을 받았다.(『구리시지』참고) 김규식에게 적용된 내란죄는 이와 무관치 않을 것이다.

1917년 그는 어떤 연유인지 구리 소재의 동구릉 산림순시원으로 임명되었다. 주인태의 증언에 따르면 목릉穆陵(선조릉, 동구릉의 하나)의 총감독관으로 일을 보았다 한다. 아마도 아버지의 주선으로 이런 일을 맡았을 것이다. 일제 시기에는 동구릉 주변 산에 산림감시원을 임명했는데 공무원 신분이 아니었다. 마을에서 산림감시원에게 보수로 일정한 시기에 겉보리와 벼를 거두어주었다 한다(위 임정규의 증언).

그 2년 뒤에는 소작인조합장에 임명되었다고 하는데 그 역할은 자세히 알려져 있지 않다. 아마도 이 시기가 그의 은거생활기간이었을 것이다. 위 신상명세서에는 1920년(대정 9년) 7월 15일부터 행방불명되었다고 기록되어 있다.

그의 해외 망명시기는 1910년설, 1912년설로 나뉜다. 위 신상명세서에는 첫 망명시기를 1920년(대정 9년)이라 기록했으며 망명지를 상해라고 했다. 『국외에서의 용의 조선인명부』에는 주거지를 천진 북양대학이라 하고, 대정 9년경 중국 상해로 건너가 고려공산당에 투신하고 대학교수로 근무하면서 불령행동을 감행 중이라 기록했다. 이름, 출생지, 본적이 노은 김규식과 동일하나, 일본 경찰이 다른 인물의 기재사실을 잘못하여 혼동했는지는 확인할 수가 없다. 또 우사 김규식의 사실이 착종된 것으로 보인다.

『보훈록』에는 1920년 8월에 북로군정서에 가입하고 이해 9월 중대장에 임명되었다고 했으며 청산리전투에 참여했다 했으니 상해 망명설과 활동상황이 다르다. 다만 1920년 7월 15일에 행방불명이 되었다 했으니 가장 근접한 시기가 될 것이다.

고난의 삶을 산 자녀들

김규식의 자녀들에 관련된 사실도 혼란스럽다. 모두 국외로 이주한 뒤 사망하거나 해방 뒤 귀환하지 않은 데에 그 원인이 있을 것이다. 보훈처가 인정하는 독립유공자 자녀라는 점에서 분명히 밝힐 필요가 있다. 그는 4남 1녀를 두었다. 이 가족의 이주역사도 여느 망명자와 같이 매우 드라마틱하며 망명지에서의 삶도 고난의 연속이었다. 현태는 다음과 같이 증언하고 있다.

우리 가정이 아버지를 따라 만주로 오게 된 것은 내가 11살 때니까 1925년이다. 아버지한테 소식이 왔는데 쓰던 집기를 그대로 두고 사람만 조용하게 나오라는 것이었다. 어머니, 큰오빠 내외, 둘째 오빠, 셋째 오빠, 나. 남동생 모두 7명은 달도 없는 캄캄한 밤을 택해 조용히 떠나 새벽기차를 탔다. 신의주를 거쳐 단동에서 내렸다.

위 강용권의 책

일제 경찰조사는 김규식이 1920년 7월 15일 행방불명되었다고 했으니 김규식이 망명한 뒤 꼭 5년 뒤 가족들이 이주를 한 것이다. 가족은 네 번의 이사를 한 끝에 연수현 성내에 정착했다. 연수현에서 3년째 살던 해인 1931년 김규식이 주하현 하동향에서 열린 회의에 참석했다가 피살된 것이다.

그 뒤 가족은 하동향으로 옮겨 이인영 가족과 한 마을에 살았다(이인영 손자인 이종갑의 증언). 또 하동 대성촌에 근거지를 둔 채 일제의 감시를 피해 주하, 보남시장 등 몇 곳을 옮겨가면서 살았다.

그의 부인 주명래는 장수하여 1974년 93세로 하동에서 작고했다. 손자 건배가 오랫동안 할머니를 모시고 살았기 때문에 많은 가족사를 들을 수 있었다.

이들 4남 1녀는 모두 국내에서 태어났으나 큰아들 현욱만이 국내에서 혼인했다. 큰아들 현욱은 가족을 먹여 살리느라 부지런히 일한 근실한 사람으로 알려져 있다. 그래서 교육을 제대로 받지 못했는데 때로는 술로 세월을 달랬다고 한다. 그는 해방이 된 뒤인 9월, 아들이 늦은 저녁에도 돌아오지 않자 아들을 찾으러 나갔다가 권총에 맞아 피살되었다. 사건의 진상은 아직도 밝혀지지 않았다.

둘째 아들 현성은 의병장 이인영의 손녀인 이종숙과 김규식이 죽은 뒤인 1938년에 혼인했다. 두 가족은 흑룡강성 상지시(주하현) 하동향 대성촌에 살았다. 현성은 독립운동 혐의로 체포되어 무순감옥에서 모진 고문을 받으며 옥살이를 했는데 해방 뒤 하동향에서 전염병으로 사망했다. 이종숙은 문자를 익혔는데 일본군이 남자들을 찾아내라고 윽박지르면서 '총박'(총머리판)으로 입을 때려 앞니 네 개가 부러지는 수모를 당하기도 했다. 그녀는 오랫동안 시어머니를 모시고 살았다.

딸 현태는 1934년 평양 출신의 토목기술자인 김순철과 혼인했는데 김순철은 해방 뒤인 1946년 거주지에서 전염병으로 죽었다. 현태는 남편이 하동 관리사무소에서 근무해 생활형편이 넉넉했다. 하동요양원에서 죽었다.

셋째 아들인 현의는 아버지의 암살소식을 듣고 원수를 갚는다며 권총을 들고 가출했다. 그가 3년쯤 지난 뒤 집에 돌아와서 원수를 모두 갚았다고 말했다 한다. 그는 다시 가출한 뒤 행방불명되어 죽은 연대와 연유를 알 수 없다.

현성과 현의는 늘 아버지를 따라다녔다. 그의 집안에는 늘 말 다섯 필 정도를 길렀다. 김규식이 출타할 때 현성은 마부 노릇을 했으며 현의는 권총을 휴대하고 호위병 노릇을 했다. 두 아들은 철저하게 아버지를 보호하는 수행원이었다. 김규식이 피살되던 날에는 두 아들이 모두 동행하지 않았다.

넷째 아들인 현륜은 소년시절부터 폐병을 앓아 고생을 했다. 그는 형수 이명선의 주선으로 용정중학교를 졸업하고 소학교 교원노릇을 했다. 그의 부인은 강원도 고성 출신인데 하동에서 부부생활을 했다. 그의 부인이 임신을 한 몸으로 먼저 고국으로 귀환했다. 그는 아내를 찾을 겸 병치료를 위해 서울 남산(호적에는 사망지를 서울 성동구 행당동 산36번지라고 기재했음)에 사는 삼촌에게로 왔다. 그는 서울에서 홀로 떨어져 살면서 해방되기 직전에 26세로 사망했다.

아들 넷은 모두 모진 풍진 속에 살았다. 김규식이 죽은 뒤 얼마 후에 누군가가 집에 불을 질렀다. 이명선의 증언에 따르면 재산이 완전히 잿더미로 변했으며 고리짝 하나만 겨우 건졌다고 한다. 그때 달필인 김규식 글씨와 중요한 문서들이 모두 불타버렸다.

그 뒤에도 그의 아들들은 일제의 감시를 피해 여기저기 옮겨 다니면서 살았다. 해방 후 만주에 중화인민공화국이 성립되었을 때와 문화대혁명이 수행될 때 이들 가족은 다시 탄압에 시달렸다. 곧 민족주의 계열이라고 하여 반동으로 몰렸던 것이다. 1973년에는 다시 집에 원인 모를 불이 나서 김규식의 사진마저 화재에 휩쓸려 버렸다. 현성의 아들 효배는 무서운 나머지 남은 사진과 문서 등 모든 자료를 불태워 없앴다고 한다. 형배는 조선의용군에 가담하여 북한에 귀환한 뒤 사단장급으로 한국전쟁에 참여했다. 한국전쟁이 끝난 뒤 1960년 연안파 숙청이 있을 무렵 행방 불명되었다.

김규식의 증손자녀들은 현재 서울을 비롯하여 내몽골, 하동 등지에 흩어져 살고 있다. 현재 손자 건배는 이종갑 등의 증언과 관련자료를 검토한 끝에 1991년 귀국하여 국가보훈처로부터 독립유공자유족증을 발급받아 유공자 후손으로 인정되었다.

지금도 김규식의 자손들은 여기저기 흩어져 고난의 삶을 살고 있다. 여느 독립운동가의 자손들보다 어렵게 살고 있는 것이다. 비극적 독립운동가 가족사의 한 보기가 될 것이다. 손자 건배는 어려운 삶 속에서 할아버지의 행적을 알리는 일에 온갖 정성을 기울이고 있다.

올바른 평가

서두에서 말한 바와 같이 김규식에 대한 국내의 기록들은 서로 심하게 착종되고 왜곡되어 있다. 이름, 출생연대, 출신지, 활동 영역 등이 뒤섞여 기록된 것이다. 그 원인을 다음 몇 가지로 나누어 볼 수 있겠다.

첫째, 그의 가족들이 모두 국외로 망명한 뒤 해방이 되었어도 돌아오지 못한 탓이었다. 그의 행적을 제대로 밝힐 수 없었던 것이다. 또 그의 문중이 번성하지 못한 데에도 원인이 있다. 독립운동가들은 문중에서 선양작업을 벌여 널리 알리는 경우가 많았다.

둘째, 그가 1930년대 초기에 죽어 국내나 고향에 그의 활동이 널리 알려지지 않은 데에도 이유가 있다. 그의 국내활동에 대해 고향사람들이 자주 입에 올리기는 했다. 사로리 안말 노인들의 입에서 "잘생기고 장대했으며 예리했다."는 증언을 들을 수 있었다. 하지만 그의 업적을 부각시키는 작업이 없었다.

셋째, 그동안 관련 학자나 김씨 문중, 보훈처에서 그의 행적을 정확하게 알리는 노력을 기울이지 않았다. 마구잡이로 관련기록들이 왜곡되어 있는데도 적극적으로 정리작업을 하지 않았던 것이다. 처음 잘못 기록한 대로 방치했다.

노은 김규식은 동굴의 역사 속에서 이제서야 빛을 보게 되었다. 안동의 김규식이나 남북협상의 주역이었던 김규식은 위의 몇 가지 요인이 충족되어 제대로 평가를 받았다. 이제는 양주(구리) 출신의 노은 김규식을 옳바르게 평가해야 할 것이다.

친일파 청산문제가 쟁점이 되고 있는 현실에서 독립투사에 대한 정당한 역사적 예우를 위해서도 이 작업은 의미가 있을 것이다. 그 초점은 그의 출신배경을 정확하게 규명하고 국내의 의병활동과 국외의 독립운동을 정확하게 평가하여야 하는 데에 있다. 이를 위해 정확한 학술적 작업을 통해 왜곡된 기록들을 바로잡아야 한다.

4부

분단만은 막아야

김구 /   김창숙 /   조소앙 /   김규식(우사) /   여운형 /

여운형은 좌우합작운동을 벌이는 중에 그 실패를 예견했다고 하며, 죽기 전에도 측근들에게 "나는 결국 죽을 거야. 그렇지만 죽더라도 분단만은 막으려 노력해야 하지 않겠나"라고 말했다고 한다.

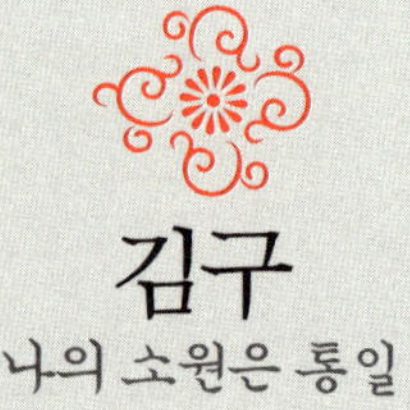

김구
나의 소원은 통일

　백범白凡 김구金九(1876~1949)라는 이름을 접하면 대한독립과 통일정부를 연상하게 된다. 그의 삶과 행동이 철저하게 이 두 가지 일에 결부되어 있고, 이 두 가지 일을 위해 끈기와 집념을 불태우다가 비명에 죽었기 때문이리라. 백범은 의사와 열사, 정치가와 혁명가의 행동과 신념을 보였으나 끝내 이 모든 이름을 아우르는 철저한 민족주의자로 남게 되었다. 그의 생애는 크게 세 단계로 나눌 수 있다.

　김구는 황해도 해주에서 평민의 아들로 태어났다. 그 스스로 '상놈'이라 했고, 호도 이런 의미에 따라 지었다. 그런 탓인지 19세 때에는 동학의 지역접주로서 황해도 일대의 포수를 이끌고

황해감영 공격에 나서서 반봉건 반침략의 동학농민전쟁에 참여
했다. 이 일로 그의 본명인 김창수金昌洙가 일제에 알려졌고, 그
뒤 계속 주목의 대상이 되었다. 그는 줄기차게 의병항쟁에 나섰
다. 그는 교육계몽운동을 벌이는 과정에서 일본 장교를 살해한
죄로 체포되어 사형언도를 받았으나 탈옥하여 중 노릇을 하기도
했다. 이렇듯 김구는 20대에 열혈청년의 기개를 한껏 과시했다.

그의 나이 30에 접어들자 나라는 더욱 기울어 이른바 을사조
약이 맺어졌다. 이즈음 그는 상동교회의 비밀집회에 참석하여
이회영, 이동녕 등의 선배지사를 만난다. 기독교계 인물을 중심
으로 신민회가 창립되자 여기에 가담하여 황해도 책임자가 되었

는데 이때 양기택, 안창호, 이동휘 등의 지도자를 알게 된다.

일제의 감시망 속에 그의 활동이 포착되어 4년 동안 감옥살이를 했고, 농감農監이 되어 농사를 지으면서 3년의 세월을 보냈다. 이때의 7년이 그의 생애에서 가장 조용한 나날이었을 것이다. 여기까지가 그의 생애의 첫 시기가 된다.

1919년 민족의 거대한 힘이 분출되었다. 온 민족의 역량을 보여준 3·1운동을 계기로 상해에서 임시정부가 창설되었다. 그는 뒤늦게 15명의 동지를 이끌고 상해의 임시정부 청사로 찾아갔다. 이때 그의 동지 안창호가 내무총장을 맡고 있었는데 김구는 그에게 이렇게 부탁했다.

나는 실력 없는 허명을 탐하기를 두려워할뿐더러 감옥에서 청소를 할 적에 내가 하느님께 원하기를 생전에 한번 우리나라 정부 정청의 뜰을 쓸고 유리창을 닦게 하여 주소서라고 했으니 임시정부의 정문 파수를 보게 하여 달라.

그리하여 원래 직제에는 없는 경무국장이 되어 우람한 몸으로 청사의 문을 지키고 요인을 보호했다. 이를 시작으로 그 뒤 약 25년 동안 그는 임시정부 주인 역할을 맡았다.

그는 5년 동안 문지기 노릇을 했다. 임시정부의 자금이 넉넉했던 초기, 많은 인사들이 모여들 적에 그는 아무 말 없이 묵묵히 임시정부를 지켰고, 때로는 밀정을 가려내는 심문관 노릇도 했다. 임시정부에 자금줄이 끊어지고 그 많던 인사들이 뿔뿔이 흩어져 간 뒤에는 내무총장을 맡아 입각했다. 별 볼일 없는 시기에 치안 책임자를 맡은 것이다.

임시정부가 계속 분열과 혼돈을 보이자 그 돌파구로 대통령과 국무총리를 없애고 국무령을 두기로 결정했다. 그리고 몇 사람의 국무령을 거친 뒤 1926년 마침내 그가 국무령 자리에 앉았다. 김구는 4개월 정도 이 일을 보았을 뿐인데 최고 지도자의 대열에 끼이게 되었고, 연이어 주석제로 바뀌었을 적에는 내무장 주석 등의 일을 맡아 보았다. 당시 지도자들이 임시정부에서 떠나가 사람이 없었던 데에도 그 이유가 있을 것이다.

당시 임시정부의 재정은 말이 아니었고 1931년 만주사변과 만보산萬寶山사건이 터져 중국 사람들의 감정이 격화되어 임시정부 활동이 부진했다. 특히 계급혁명을 들고 나와 임시정부 중심세력과 이념적 갈등을 빚고 있던 공산계열과 그 지원자였던 소련의 볼세비키정권에 대해 그는 고집스럽게 증오심과 적대감마저 보이며 한국독립당을 창당했고, 임시정부 활동의 부진을 메우려고 특수공작을 결행할 수 있는 한인애국단을 조직했다.

이렇게 해서 김구 주도로 이봉창 의사가 일본 천황에게 폭탄을 던진 의거가 벌어졌다. 1932년 윤봉길 의사가 상해 홍구공원에서 던진 폭탄으로 중국 주둔 일군의 수뇌부를 제거하는 의거가 일어났다. 이 두 사건은 그의 존재와 임시정부의 실체를 널리 알린 유명한 사건이었다.

배후 인물로 김구가 지목되어 일제 당국은 막대한 현상금을 그의 목에 걸고 잡으려 혈안이 되었다. 김구의 이름은 국내와 중국에 널리 알려졌다. 개인적 정치적으로는 더할 수 없을 정도로 성공적이었다. 김구는 하루아침에 일급 독립운동가, 거물급 정치인으로 부상한 것이다. 김구는 몸을 숨겨야 하는 다급한 처지가 되었다.

그의 활동에 힘입어 한국인에 대한 중국인의 지원이 늘어나고 한국 학생을 중국군관학교에 입학시켜 교육하는 사업도 순조롭게 진행되었다. 더욱이 만주사변 이후 중국인의 반일 열기가 가속되어 한중 유대가 강화되는 분위기를 조성하는 데 기름을 붓는 역할을 했다.

이 무렵 중국 관내의 민족해방운동 단체를 결집시키려는 노력이 일어나 1932년 김규식, 김두봉金科奉 등에 의해 대일전선통일동맹이 조직되었다. 여기에 한국독립당, 조선의열단, 조선혁명당, 신한독립당 등의 간부가 참여했다. 이 동맹이 조직된 뒤 구체적인 활동이 없자 1934년 완전한 대한단결 조직체를 만들기위한 작업이 벌어져 위의 네 정당을 포함, 대동독립당 등이 해체하여 들어오고 중국과 미주의 교민단체까지 규합하여 민족혁명당을 발족시켰다.

민족혁명당은 민족통일전선을 모색하고 조소앙이 제창한 삼균주의三均主義 곧 민족의 자주독립 추구, 민주공화국 건립, 평등한 경제제도 건립에 그 이념적 근거를 두고 있었다.

그런데 김구가 이끄는 한인애국단은 이 두 가지 일에 냉담한 반응을 보이며 가담하지 않았다. 그 까닭은 혁명운동을 할 때 역량 결집보다는 투쟁이 중시되어야 하기 때문이라고 했다. 이런

노선을 견지하기 위함인지 김구는 국민당 정부의 장개석을 만나 협조를 얻어내기도 하고 민족주의 우파의 역량을 확대하여 새로운 한국국민당을 결성하기도 했다. 모택동의 공산당과는 적대감마저 보였다.

1937년 중일전쟁이 발발하자 민족진영인 한국국민당, 한국독립당, 조선혁명당이 중심이 되어 연합체 결성을 도모하여 그 대표자회의를 열었다. 이 회의장에 조선혁명당계 당원인 이운한李雲漢이 돌입하여 권총으로 김구를 향해 저격했다. 그는 탄환을 맞았으나 용케 살아났는데, 이 탄환은 평생 그의 몸에 박혀 있었다고 한다. 이때 우파는 일단 연합회를 결성했다.

중일전쟁 이후 김구는 계속 일본군에 쫓겨 이전하던 임시정부를 마지막으로 궁벽한 중경으로 옮기고 장개석의 도움을 받았다. 그는 이때에 와서는 그전과는 달리 좌우합작을 모색했으나 끝내 이루지 못했다. 이때의 합작모색은 그의 운동노선에서 큰 역사적 의미를 지닌다.

완전한 독립, 민족의 통일

김구는 중경에서 마침내 김원봉 등과 손을 잡고 합작을 이룩해 광복군을 조직하고 대일선전포고를 했다. 한편 미국 OSS와 합작으로 광복군 특공대를 조직하여 국내 진공을 계획했으나 끝내 결행하지 못했다. 그의 통한은 바로 광복군을 승리의 군대로 조국 땅에 상륙시키지 못한 것이요, 또 임시정부가 국제적으로 인정을 받은 승전국 정부가 되어 귀국하지 못한 것이다.

김구는 임시정부에 정통성이 부여되기를 바랐으나 모든 것이 수포로 돌아갔다. 그는 개인 자격으로 만강의 비분을 안고 해방된 몇 달 뒤 미군정사령관 하지가 보내준 수송기를 타고 김규식, 이시영 등과 함께 귀국했다. 해방조국에 돌아온 김구는 밤낮을 잊고 일에 몰두했다.

첫째, 그는 임시정부의 법통성法統性 확인에 전력을 기울였다. 임시정부 요인들이 개인자격으로 들어왔으나 한때 미군정을 접수하려 해서 점령군사령관을 놀라게 만들었고, 점령군사령부는 임정요인을 처치하려는 계획까지 세웠다. 김구는 처음 한민당계가 임시정부가 정부의 기능을 맡아줄 것을 건의하는 것에 고무되었으나, 인공계와 공산당계의 거부로 좌절되었다. 김구는 불만에 차 이렇게 선언했다.

다시 말하면 우리 임시정부는 결코 모일계급某—階級, 모일파某—派의 정부가 아니라 전 민족, 각 계급, 각 당파의 공통한 이해입장에 입각한 민족단결의 정부였습니다. 그러므로 우리 정부의 유일한 목적은 오직 전 민족이 총단결하여 일본 제국주의를 타도하고 한국에 진정한 민주공화국을 건립하는 데 있습니다.
「임시정부개선 환영대회 답사」

이런 호소에도 불구하고 임정은 여러 현실적 사정과 정치적 이해에 얽혀 그 법통성을 인정받지 못했다. 이것이 임시정부의 한계였다. 김구는 계속 그가 거처하는 경교장을 임시정부 청사처럼 꾸미고 국무회의를 소집하는 등의 활동을 보였다.

둘째, 김구는 신탁통치 반대운동을 펼쳤다. 모스크바 삼상회의에서 한반도를 일정기간 위임통치하게 한다는 결정을 내렸는데, 김구는 즉각 이를 반대하여 반탁을 들고 나왔다. 그는 반탁운동이 독립운동으로 재출발되어야 한다는 것과 신탁안이 완전 취소되고 자주독립이 성취될 때까지 반대운동을 계속해야 한다고 강조했다. 공산당계와 중도좌파계가 찬탁을 표명하자 김구는 늘 정치적 견해를 달리하던 이승만과 반탁에서만은 완전히 뜻을 같이했다.

셋째, 통일정부 수립운동에 온 힘을 기울였다. 미소공동위원회가 결렬되어 통일정부안이 실현되지 못하자 유엔에서 남한만의 총선거로 단독정부 수립을 결정했다. 이승만과 한민당은 이를 환영했으나 백범은 "나는 한국을 분할하는 남한 단독선거도 북한 인민공화국도 반대한다. 오직 정의의 깃발을 잡고 남북통일에 최후까지 노력하겠다"고 발표했다. 그는 단독정부반대운동을 펴기 위해 홍명희, 김창숙 등과도 손을 잡았고 끝내 그 일이 어려워지자 김규식과 함께 남북협상을 위해 북으로 넘어갔다.

김구는 평양에서 김일성, 김두봉과 만나 의견을 나누었으나 이데올로기를 등에 업고 정권욕을 채우려는 자들의 동의를 얻어낼 수 없었다. 그의 뜻대로 이루어질 일이 아니었으니 빈손으로 돌아온 것은 당연하다고 할 수도 있을 것이다. 끝내 그의 계열이 참여하지 않은 가운데 1948년 5·10 총선거가 이루어져 남한의 단독정부가 수립되었다. 김구는 모든 정치활동을 중단하고 회한의 나날을 보내던 중 한 암살자의 총에 쓰러졌다.

그가 암살된 것은 너무나 큰 민족적 비극이지만 그 개인사로 보면 커다란 정치적 소득을 얻었다고 할 수도 있다. 그의 의지와 정열이 민중에게 더욱 커다랗게 다가갔고 동정을 불러일으킨 것이다. 이를 통해 그를 역사인물로 존경하는 이미지가 제고된 것이다. 이 죽음은 홍구공원의 거사 성공보다 훨씬 더 큰 정치적 의미를 지닌다.

김구는 중국땅에서도 순수하고 철저한 민족주의자였던 탓으로 좌우합작이나 통일전선에 미온적이거나 거부하는 태도를 보였다. 해방공간에서는 때로 민족주의우파의 단결을 모색하기도 하고 때로는 좌우합작을 도모하기도 하다가 마침내는 위험을 무릅쓰고 북으로 넘어가 김일성과도 만났던 것이다.

그의 통일정부 수립 노력에 새롭게 역사적 의의가 주어지고 있다. 정치가들 가운데 다수가 존경하는 인물로 그를 꼽고 있으며 일반인의 역사인물 인기도 조사에서도 늘상 그는 첫 자리를 차지한다.

김창숙

실천적 유학자로 독립운동에 헌신

신교육운동을 벌이는 선비

성균관대학교 교수들이 중심이 되어 매년 심산학술상心山學術賞을 수상하고 있는데, 해마다 수상 대상자에 대해 학문적 업적 뿐 아니라 행동과 지조를 엄격히 심사한다. 이러한 기준이야말로 심산心山 김창숙金昌淑(1879~1962)의 삶을 단적으로 표상하고 있다고 할 수 있다. 시상식 자리에서 갖는 학술발표의 주제가 '근대민족운동'과 '실천적 유학사상' 등이니 이런 분위기를 알 만할 것이다.

심산사상연구회에서 정리한 글에서 "심산은 민족주의자로 자명했다. 민족의 독립을 위해 전 생애를 바친 것과 일제에 대하여 철저한 비타협 불복종은 말할 필요도 없고 해방 후에는 민족분

열을 방지하기 위해 독자적인 노선을 천명했고, 그 뒤 계속 분단
에 대한 통한과 통일에의 염원을 잠시도 잊지 못해 숨을 거두는
순간까지 장우단탄長吁短嘆을 그치지 않았다."고 쓰고 있다.

그리고 그의 민족주의는 유학의 대의명분론에 깊이 뿌리박은
것이요, 또 근대시민적 내셔널리즘과는 다소 체질을 달리할지
모르지만 그 정신은 우리나라 역사의 변혁과 창조 속에 중요한
줄기로 작용하게 될 것이라고 했다.

그가 민족을 위해 침략 항쟁에 나서고, 분단을 극복하기 위해
통합운동을 벌이고, 민주실현을 위해 반독재에 나선 과정이 어
떠했는지를 알아보기로 한다.

그의 생애는 대개 네 시기로 구분할 수 있다.

첫 시기는 그가 태어나서 중국으로 망명하기 직전인 1918년까지에 해당된다. 그가 조선시대 유학자 동강東岡 김우옹金宇顒의 종손으로 태어난 것은 그의 운명에 결정적인 영향을 미쳤다. 그는 어려서부터 선비집 종손의 범절을 익혔다. 그는 같은 마을에 사는 유림 이승희에게 사사하고, 이웃 고을 곽종석郭鍾錫의 문하에 출입했는데, 그의 스승들도 범상한 유림이 아니었다. 특히 이승희는 을사조약 뒤 매국오적賣國五賊의 청참소請斬疏를 올리면서 청년이 된 김창숙을 동참시켰다.

그 뒤 김창숙은 결사운동에 참여하여 구습타파에 나섰으며, 친일단체 일진회를 극렬하게 공격하는 성토문을 발표했다. 한편 국채보상을 위해 단연斷煙동맹회의 성주 대표가 되었으며, 신교육을 위해 고향에 성명학교星明學校를 설립했다. 일제는 그를 감옥에 가두었고 친일파는 그를 눈엣가시로 보았으며, 종중과 전통유림들은 신교육운동을 펼치는 그를 사시斜視로 보았다.

끝내 나라가 완전히 넘어지자 그는 자포자기의 나날을 보냈다. 양광佯狂(거짓 미친 척하는 짓)의 행동을 보이며 술과 도박과 낚시에 빠져 폐인의 지경에 이르렀다. 그러나 어머니의 간곡한 타이름으로 다시 마음을 다잡아 가학家學과 유학공부에 열중했다. 약 10년에 걸친 이때의 공부로 그는 상당한 선비의 교양을 갖추게 되었으며, 유학사상의 진수를 익혔다.

필요한 것은 독립운동

둘째 시기는 중국에 망명했다가 일제에 잡혀 국내로 송환된 때까지에 해당된다. 3·1운동이 일어나기 직전 그는 상경해서 유림이 민족대표에 빠지고 또 이어 유림들이 파리강화회의에 독립청원의 장서長書를 보내려는 운동이 있음을 알았다. 그 운동은 경상도의 곽종석 계열과 충청도의 김복한金福漢 계열이 따로 추진하고 있었다.

그는 두 계열이 통합하여 장서운동을 벌이는 데 앞장섰다. 그리하여 137명의 연명을 받았는데, 3백 년 동안 갈라져 왔던 영남과 기호의 학파 그리고 남인과 노론의 당파를 타파한 것이라는 칭송을 받았다. 이를 성공시킨 그는 직접 장서를 가지고 상해로 갔고, 그곳에서 파리로 가는 대표단 편에 부탁해 우리의 대표로 파리에 파견되어 있는 김규식에게 전달하게 했다.

그 뒤 국내에서 이 사건이 발각되어 곽종석, 김복한 등 많은 유림들이 체포되는 1차 유림단사건이 일어났다.

이때 그의 활약은 눈부셨다. 광주로 가서 호법정부의 총통인 손문의 협조를 끌어내는가 하면, 상해에서는 중한동지회를 만들어 두 나라의 민족혁명 노선을 선전하기도 했다. 그러나 상해임시정부가 분열을 거듭하자 그는 활동무대를 북경으로 옮겼다. 북경에는 그가 가장 존경하는 선배 이회영李會榮이 자리잡고 있었고, 동료 신채호도 있었다.

김창숙은 신채호가 간행하는 잡지 『천고』의 편집 일을 보았다. 그 무렵 미국에서 온 박용만朴容萬과 북경에 거주하던 김달하金達河가 일본의 고급밀정이라는 지목을 받게 되어 의열단과 다물단多勿團 단원들에게 암살당하는 사건이 일어났다. 여기에 김창숙이 연루되었고, 또 그들에게 강경한 입장을 취하고 있었다. 그는 신채호와 독립운동의 성격이나 노선이 일치했다. 그는 신채호와 같이 이승만을 탄핵했으며, 정부 형태보다 운동단체의 필요성을 강조했다.

그러나 이회영, 신채호가 무정부주의운동에 빠지고, 뒷날 동지인 여운형, 홍명희가 사회주의에 관심을 기울이는데도 그는 여기에 가담하지 않았다.

김창숙은 또 만주땅에 우리 동포를 이주시키고 내몽골에 새로운 독립운동기지를 건설하려고 국내에 잠입하여 자금을 모집했다. 그가 돌아간 뒤 영남 일대에 검거선풍이 불었다. 나석주가 동양척식주식회사에 폭탄을 던지는 사건도 주동자 또는 협조자가 김창숙임을 일제가 알아냈다. 일제는 손을 뻗어 상해 영국 조계租界에서 그를 체포하여 국내로 압송했다. 이것이 2차 유림단 사건이다.

앉은뱅이의 항일의지

셋째 시기는 국내의 감옥생활과 8·15를 맞이할 때까지에 해당된다. 그는 감옥에서 심한 고문을 받은 끝에 앉은뱅이가 되었는데 이로 해서 '벽옹甓翁'이라는 새로운 호를 얻게 되었다. 14년 형을 언도받은 그는 심한 고문의 후유증으로 일시 형집행정지도 받았으나 기나긴 수형생활을 해야 했다. 김창숙은 감옥에 있으면서 감방의 규칙을 거부하는 것으로 불복종의 신념을 지켰다. 어느 날 전옥典獄에게 절하지 않고 멀거니 쳐다보았다고 잡범감방으로 쫓겨나는 처벌을 받자 이런 시를 남겼다.

> 머리를 조아리고 무릎을 꿇으라니
> 어찌 차마 말하랴.
> 분통의 눈물이 창자를 찢는구나.

대전형무소에서 동지인 안창호, 여운형과 함께 감옥생활을 하게 된 것이 그나마 위안이라면 위안이었다. 그는 꿋꿋하게 7년을 버티다가 끝내는 병세 악화로 형정지 조치를 입어 풀려났다. 그 뒤 그는 창씨개명 강요에 끝까지 버티었고 일제의 패망이 짙을 무렵 비밀조직인 건국동맹의 남조선책으로 추대되었다. 이로 해서 1945년 8월 고향 성주에서 다시 잡혀 서울로 압송되는 도중 해방으로 풀려나게 되었다.

통일을 염원하는 딸깍발이

마지막 시기는 해방 뒤 통일운동과 반독재투쟁을 벌일 때까지에 해당된다. 해방 이후 현실대처를 놓고 좌우익은 물론 우익 내부에서도 심한 분열상을 연출하고 있었다. 그는 잠깐 건국동맹에 가담했다가 탈퇴했다.

그는 민주의원의 한 사람이었으나 미군정 당국에 맞서 반탁활동을 벌였고, 계속해 단선단정單選單政을 반대하여 남북협상을 지지했다. 그리하여 통일정부 수립을 위한 성명서를 7인 거두 곧 김구, 김규식, 홍명희, 조소앙, 조성환, 조완구와 김창숙의 이름으로 발표하여 그 확고한 노선을 천명했다.

그는 정치수완이라든가 술수 따위를 몰랐기에 정당에도 가입하지 않았고 성균관의 재건과 성균관대학 설립에 몰두했다. 또 유도회를 조직하여 이른바 '황도유림皇道儒林'을 성균관에서 내몰았다. 이승만의 단독정부가 수립되자 그는 강력하게 반대했고, 자유당 독재가 강화되자 기회가 있을 때마다 때로는 성명서를 발표하고 때로는 공개장을 보내어 규탄했다. 그런 탓으로 몇 차례 감옥에 갇히기도 했다. 특히 1951년 피란 수도 부산에서 발표된 '경고 대통령하야문警告大統領下野文'은 피란 수도 부산을 발칵 뒤집어 놓았다. 그의 통일염원과 반독재의 참뜻은 다음의 시구에 잘 드러나 있다.

북의 김일성, 남의 이승만, 죽을 적에 통일의 평화를 기약하리. 묻노니 제국의 앞잡이여, 붉은 사냥개여, 백성을 속이고 나라를 엎어서 무엇하려 하느뇨.

그의 선비기질 또는 지사의 풍모가 여실히 드러나는 글이다.

김창숙은 불구의 몸으로 서울에서 객지생활을 하면서도 집 한 칸 마련하지 못해 친지의 집이나 여관, 병원을 전전했다. 그는 만년에 쥐꼬리만한 연금으로 살았는데 한번은 자유당 국회의원이 생활비를 건네주자 더러운 돈은 받을 수 없다고 거절했다 한다. 꼿꼿한 딸깍발이 선비기질을 남김없이 보인 삶이었다.

김창숙은 중앙의료원에서 의식이 가물거릴 적에 "통일이 안 되어서……, 유림이 잘해 나가야……"라는 끝을 맺지 못한 말을 남겼다. 바로 그의 마지막 염원은 통일에 있었던 것이요, 그 통일이 이룩되는 길은 남북의 '김'과 '이'가 죽어야 한다지 않았는가?

그에게도 문제의 여지가 없는 것은 아니다. 그는 성리학의 공담空談을 경계하면서도 강상綱常과 도의를 최우선 가치로 본다든지, 구습타파를 외치면서도 어머니의 복상을 뒤늦게야 입었다든지, 마지막 현실타개의 기대를 유림에게 걸었다든지 하여 봉건 가치를 완전히 벗어나지 못했다는 지적을 받는다.

또 그의 민족주의를 유교의 도덕률과 연결시켜서 근대적 내셔널리즘과는 상충되는 내용을 보였다. 그러나 반식민 반독재 투쟁과정에서 보인 그의 꼿꼿한 정신과 기개는 분명 미래의 변혁과 사회창조에 큰 힘이 될 것이다.

조소앙
사상적 선각자, 삼균주의 이론틀

민족이념을 정립

소앙素昻 조용은趙鏞殷(1887~1958)은 보통 호를 이름처럼 불러서 '조소앙'으로 널리 통한다. 그의 노선을 굳이 따진다면 중도우파라 할 수 있겠다. 그는 무엇보다도 민족이념을 정립하고 임시정부의 이념적 틀을 창출하는 데 심혈을 기울였다. 아마 그가 태평한 시대에 살았더라면 학자나 사상가의 길을 걸었을 것이다. 그는 독일의 철학자 쇼펜하우어의 저서 이외에는 다른 책은 제대로 읽지 않았다고 한다. 또 30대의 나이에 프랑스에 가서 조선독립을 외칠 적에 철학자 베르그송을 만나 다음과 같은 대화를 나누었다는 일화가 있다.

그가 영어를 모르는 베르그송에게 "Do you know the head

of the time?(선생은 시간의 머리를 아십니까?)" 하고 질문을 던졌다. 베르그송이 어리둥절해 하자 다시 "Then do you know the tail of the space?(그러면 선생은 공간의 꼬리를 아십니까?)"라는 질문을 던졌다. 다시 베르그송이 멍하니 바라보자 그는 "나는 가오"라는 인사말을 남기고 벌떡 일어섰다.

그 뒤 조소앙은 "에이, 베르그송이란 놈이 무얼 알기에 그리 떠들어대! 쥐뿔도 모르는 놈"이라고 일갈했고, 베르그송은 그 조선 청년이 '시간의 머리'와 '공간의 꼬리'를 어떻게 정의하는지를 궁금해 했다고 한다. 사실 이 일화는 젊은 철학도들이 흔히 지닌 현학 또는 자기 오만의 한 표현일 뿐이나 조소앙의 성격을 잘 보여준다고 하겠다.

젊을 적의 이런 객기어린 행동이 장년에 이르러서는 삼균주의
三均主義를 낳게 했고, 노년에 이르러서는 통합지향의 행동을 보
여주었다. 그리고 종교연합으로 세계의 정신을 통일시키려는 교
주의 모습도 보여주었다.

단군을 육성의 첫자리에

조소앙은 경기도 파주 출신이므로 기호파의 계보에 든다. 그
렇다고 그가 양반문벌을 자랑하는 사람은 아니었다. 조소앙도
여느 양반집 자제와 같이 전통교육을 받고 출사를 기다렸으나
시대사정에 따라 1904년 황실유학생으로 선발되어 동경유학을
떠났다. 그는 그곳에서 동경부중 제1중학교, 정칙正則영어학교
를 거쳐 1908년 메이지대학 법학부에서 수학했다. 그는 이성적
인 청년이어서 친일파가 될 정도로 천박한 현실인식을 지니지도
않았고 우선 출세나 하고 보자는 따위 이기적인 삶도 추구하지
않았다. 그의 기질은 곧바로 나타났다.

그는 한일병합 때 유학생인데도 한일병합 성토문을 작성해서
돌린 혐의로 연금이 되었다. 우여곡절 끝에 1912년 메이지대를
졸업했고, 귀국해서 잠시 경신학교儆新學校 등에서 교편을 잡기도
했다. 그러나 국내에서 일제의 감시를 받으면서 제한된 운동을
벌이기에는 그의 피가 너무나 뜨거웠다. 그는 가장 가까운 동지

인 안재홍과 중국 망명을 결행해 1913년부터 상해에 자리를 잡았다. 이것은 그가 신규식, 박은식 등과 상해 정착의 1세대임을 증명한다.

이때 조소앙은 박달학원博達學院, 대동당大同黨 등의 교민교육과 항일운동에 힘썼으나 이보다는 그의 정신적·종교적 통일운동이 더욱 빛을 내고 있었다.

1914년 1월, 20대 후반의 젊디젊은 나이인 조소앙은 육성교六聖敎 창안을 발표했다. '육성'의 기본은 단군을 머리로 하여 석가모니, 공자, 소크라테스, 예수, 마호메트 등을 받드는 것이다. 19세기 말기 강증산姜甑山이 민족종교를 내세울 적에도 이와 비슷한 여러 종교 지도자의 이름을 제시했다. 그가 이를 알아보았는지는 모를 일이다. 아무튼 종교통합을 그 주지로 하되 민족주의의 색깔을 짙게 깔아놓은 것이다. 당시 상해에 거주하는 그의 선배인 박은식, 신규식, 신채호 등은 모두 대종교를 받들고 있었다.

그는 이에 영향을 받았는지 단군을 '육성'의 첫자리에 내세우고 단군시대부터 전해진다고 일컬어지는 「신지비사神志秘詞」의 "머리에서 꼬리까지 지위가 모두 같도다〔首尾均平位〕"와 "나라를 일으켜서 태평을 보존한다〔興邦保太平〕"를 평등과 평화의 개념으로 수용하고 있다. 이것을 두고 뒷날 한국독립당의 당의黨義 해석에서는 "홍익인간이라 하고 이화세계理化世界라는 최고 공리"라고 설명하고 있다. 이 단군사상은 뒷날 삼균주의에서도 강조되고 있다.

그는 서양철학과 새로운 이데올로기인 사회주의 이론도 공부했고 상당한 지식을 쌓았다. 이런 지식을 써먹을 기회가 왔다. 1917년 스웨덴에서 국제사회당대회가 열릴 때 그는 유럽의 근대 사조를 깔아 주권불멸론主權不滅論, 주권민유론主權民有論을 저술하여 제출했고 마침내 대회에서 이를 조선의제로 인정하여 통과시켰다.

그 뒤 조소앙은 만주로 자리를 옮겼다. 상해보다 만주는 우리 동포들이 많아 살아 운동에 활기가 있었다. 3·1운동이 일어나기 직전, 세계대전이 막바지에 이르렀을 때인 1918년 11월, 만주의 인사들 곧 여준, 김교현 등과 합의해 길림에서 대한독립선언서를 발표했다. 이를 무오독립선언이라 하는데, 서울의 독립선언이나 다른 곳의 독립선언보다 더 먼저 발표된 것이다.

그는 상해임시정부가 수립되자 여기에 적극 가담하여 임시정부의 국체國體와 정체政體의 이론정립에 힘을 기울였다. 초기 임시정부는 그 국체와 정체를 두고 심한 마찰을 빚었는데 대의제와 대통령중심제가 채택되었던 것이다. 그는 임시정부의 외교관인 김규식 대표의 일원으로 파리강화회의에 가서 여러 외국 인사들과 만났으며, 이어 스위스의 사회당회의에 참석하여 한국의 자주독립을 부르짖고 일본의 침략상을 열성적으로 폭로하고 다녔다. 그 즈음에 프랑스에서 베르그송도 만나고 영국에서 타고르와도 만났던 것이다.

1921년, 조소앙은 국제사회당 대표단으로 러시아 각지를 시찰하고 모스크바를 경유하여 북경에 도착했다. 이제 그의 안목은 국제적인 범위로 넓어졌고 그의 이념은 포괄적으로 확대되었다.

이때 북경에서 그는 소련식 공산주의를 비판한 '만주리선언滿洲里宣言'을 발표하여 민족주의자로 각인되었다. 그 뒤 그는 공산주의자들로부터 경원의 대상이 되었다.

다시 상해로 돌아온 그는 임시정부의 외무총장, 의정원 국무의원 등에 취임했으나 임시정부는 이미 그 빛을 잃고 있었다. 이승만의 탄핵문제에 대해 임시정부의 노선이 갈라지고, 이념 갈등을 겪으며 임시정부의 활동이 위축되고 있었던 것이다. 조소앙은 임시정부의 직책을 사퇴했으나 이시영, 이동녕, 김구 등과 꿋꿋이 임시정부를 지키고 있었다. 그 와중에 통합이론을 내기에 골몰했다.

완전한 균등을 꿈꾸다

1929년 임정계 인사들은 한국독립당을 창당하고, 그 정강정책이라 할 '태극기 민족혁명론'을 제창했다. 그 기저는 바로 삼균주의였고, 그 삼균주의의 이론은 조소앙의 오랜 구상으로 이루어진 것이다.

삼균주의란 무엇인가. 그것은 정치·경제·교육의 균등을 골자로 한다. 이를 다시 말하면 '고루 살기', '고루 하기', '고루 알기'로 풀이할 수 있으며 그 관계는 '개인과 개인', '민족과 민족', '국가와 국가' 사이에 완전히 균등한 생활을 실시한다는 주의이다.

'개인과 개인' 사이의 균등은 정치·경제·교육을 통해 이룩될 수 있다고 전제하고 정치의 보통선거제, 경제의 토지 국유제, 교육의 국비의무학제를 실행해야 한다는 것이다. '민족과 민족' 사이의 균등은 민족자결을 통해 이룩된다. 이것을 모든 민족에게 적용하여 소수민족과 약소민족이 피압박 피통치의 지경에 떨어지지 않게 해야 한다는 것이다. '국가와 국가' 사이의 균등은 식민정책과 자본제국주의를 배격하고 침략전쟁 행위를 금지해야 하며, 이에 따라 국가가 서로 간섭하거나 침탈행위를 하지 않아야 한다는 것이다.

삼균주의는 당시 식민지 치하에서 "민족적 자각을 통하여 정치적 독립과 자유를 지향하고 경제적인 자립을 추구하며 무차별 평등교육의 실현을 목표로 독립운동을 전개하는"(추헌수의 기술 인용) 배경에서 나왔다. 또 당시 독립운동 진영의 민족혁명론, 무저항주의, 대외구국론, 민족교화주의, 독립전쟁론, 계급투쟁론, 무정부주의투쟁론, 문화구국론, 민족유일당 촉성론 등 여러 종류가 혼재한 속에서 나왔다.

한편 조소앙의 기본사상이 고유사상, 유교사상, 사회주의, 민족주의라는 견해도 있다(홍호선 『조소앙의 교육균등론 연구』). 다시 말해 앞에서 말한 단군사상을 비롯하여 화랑도정신을 선양하기 위해 화랑사花郞社 활동을 벌이기도 한 것이 고유사상에 속한다. 다음 유교사상으로는 중국의 근대 사상가인 강유위康有爲의 대동사상을 수용하고 우리 전통의 성리학 중에 유기론唯氣論에 그 초점을 맞추고 있다는 것이다. 유기론을 통해 신분과 직업의 평등을 강조하면서 현대의 유물론과 과학이론을 포괄하고 있다는 것이다.

그 다음으로는 사회주의의 수용이다. 그는 서구의 사회민주주의와 소련의 사회주의를 모두 이해한 바탕에서 '대생산기관의 국영화'를 주장하면서도 '중소기업의 사영화'를 내세워 그 차별성을 분명히 하고 있다. 그 다음으로는 민족주의의 수용인데, 위의 고유사상 말고도 삼균주의의 내용 곳곳에 깔려 있다.

그의 사상이 집약된 삼균주의는 1941년 대한민국 건국강령에서 임시정부의 기본이념 및 정책노선으로 채택되어 공포되었다. 그의 주체적 평등론이 공식화된 것이다.

그는 해방조국에 돌아와 임시정부의 정통성 고수를 주장했다. 해방공간에서 그는 반탁투쟁위원회 부위원장과 삼균주의청년동맹 위원장을 맡는 등 비중 있는 활동을 벌였으나 정치의 중심부에서 차츰 밀려나고 있었다.

그가 적어도 해방공간에서 삼균주의를 실현코자 했을진대 남북분단의 영구화를 그대로 두고 볼 수는 없었을 것이다. 그는 1948년 남북협상을 하기 위해 평양에 갔으나 이것이 끝내 실패하자 방응모方應謨 등과 사회당을 조직하여 당수가 되었다. 그의 성격은 조금 '독불'에 가까워 남의 지시나 수하에 있지 못했다.

조소앙은 그의 주장과 정치적 노선에 따라 단일정권 수립을 반대해 1948년 총선에는 김구와 보조를 맞추어 출마하지 않았다. 그러다가 1950년 두 번째 총선거인 5·30선거에는 출마했다. 이때에는 중도파 민족주의자들이 전국적으로 많이 출마하여 바람을 일으켰다. 이승만정권은 장건상 등 이들 일파를 간첩사건에 연루시키거나 엉터리 혐의를 잡아 투옥하기도 하는 따위로 탄압을 가했다.

그는 서울 성북선거구에서 극우인 조병옥과 맞붙었다. 경찰은 선거 초반부터 조소앙의 선거운동원 83명을 경찰서에 구금했다. 조소앙 선거운동원들은 계속되는 협박과 테러에 시달렸다. 더욱이 선거 하루 전날에는 "조소앙이 공산당의 정치자금을 받아쓴 것이 탄로나 투표일을 하루 앞두고 월북했다."는 내용을 적은 벽보가 곳곳에 나붙고 삐라까지 뿌려졌다. 그런데도 전국 최고 득표로 2대 국회에 진출했다.

이 선거승리는 역사적인 의미가 크다. 미군정의 경찰부장을 지내고 친일파를 옹호한 조병옥과 민족주의자요 단정 반대파인 조소앙의 대결에서 민중이 그의 손을 들어준 것이다. 그의 인기는 여운형, 김구가 없는 마당에서 절정에 올라 있었다.

오늘에 되새겨야 할 삼균주의

조소앙은 한국전쟁이 발발했을 때 피난을 가지 않고 서울에 남아 있다가 불행하게도 납북되었다. 북쪽에서 그는 마지못해서인지 재북평화통일촉진협의회에 가입하여 그의 벗 안재홍과 함께 활동했으나 노동당 가입요구를 거절하여 핍박을 받았다. 그러다가 학질에 걸려 비명에 갔다 한다(이태호의 『압록강변의 겨울』).

오늘날 개인과 개인, 민족과 민족, 국가와 국가가 고루 잘사는 것을 기본으로 한 삼균주의는 남북분단과 세계분쟁을 해소하는

하나의 이론틀이 될 수 있을 것이다. 지금 삼균학회에서 그의 사
상을 재조명하는 활동을 활기차게 벌이고 있는 것도 이러한 뜻
을 이어가자는 데 있는 것이다.

김규식(우사)
남북협상의 주역, 좌절된 중도우파

고아가 된 천재소년, 미국유학을 다녀오다

독립운동가로 명성을 떨친 김규식金奎植(1881~1950)은 고아로 자랐다. 그의 아버지 김지성金智性은 고향이 본래 강원도 홍천이었는데 한학에 소양이 높았고 일본에 건너가 신식 교육도 받았다. 그의 아버지 이력은 연대기 순으로 확인할 수는 없으나 15세 무렵 고종의 시종으로 근무했다는 말이 전해진다. 아마 이 무렵 고종의 주선으로 일본에 가게 되었을지도 모른다.

김지성은 조선이 개항 직후 외무 관계 관리로 발탁된 모양으로 일본과 러시아에 파견된 바 있고 그는 여행 중에 한국에서 볼 수 없는 자전거를 처음 도입하기도 했다. 그는 러시아에 갔다 온 후에

당시 실권을 쥐고 있던 청국세력에 몰려 동래부사 밑에서 일하게
되었다.(이정식의『김규식의 생애』)

이 글에 따르면, 김지성은 외국에 파견될 정도로 상당한 활동
을 한 신진관리였던 것으로 보인다. 김규식은 아버지가 동래부
사 밑에 우후虞候로 봉직하고 있을 때 셋째 아들로 태어났다. 그
의 아버지는 동래에서 러시아와 일본 사이에 이루어지는 부정한
물품거래를 고발하는 상소를 올렸다가 유배를 가게 되었다. 그
의 어머니는 그가 6세 때 죽었다.

그는 어머니가 죽은 뒤 서울에 있는 숙부댁에 맡겨져 양육되
었으나 그 집도 가난한 데다가 그의 병이 깊어 죽을 지경까지 이
르렀다. 이 사실을 알게 된 미국인이 장로교 선교사인 언더우드
가 경영하는 고아원으로 데려가서 언더우드 부부의 손에서 자랐
다. 그는 언더우드 부부의 귀여움을 받고 그곳에서 자라다가 10
세 때 그들 부부의 곁을 떠났다. 그는 결과적으로 어린 나이에
영어를 익힐 수 있는 기회를 얻었던 것이다. 그 자신도 "기초 영
어는 언더우드 목사가 돌보아주던 중에 배웠다"고 말했다.(『우사
김규식 생애와 사상』)

그 뒤 그는 유배에서 풀려난 아버지와 할아버지에게 가서 1년
동안 지내며 한문을 익혔고, 할아버지와 아버지가 돌아가시자
14세의 나이에 서울로 다시 왔다. 그는 관립영어학교에 입학하
여 공부하면서, 외국인을 상대로 물건을 파는 식품점에서 영어
를 밑천으로 점원노릇을 했다. 서재필이 경영하는 독립신문사에

서 영어사무원 겸 회계를 보는 일을 하기도 했다.

그는 17세 때인 1897년 미국 유학길에 나섰다. 이를 주선한 인사를 두고 해석이 나누어지는데 서재필이 주선했다고도 하고 언더우드가 주선했다고도 한다. 김규식은 미국 동부 버지니아주에 있는 로노크대학 예비과정(고등학교 과정)에서 공부를 시작했다. 이 대학에는 당시 한국 학생 3명이 있었는데 얼마 지나지 않아 한국 학생 30여 명이 유학을 왔다. 1901년부터 의친왕 이강李堈(고종의 아들)도 수학을 했다.

그는 예비과정을 3등으로 졸업하고 이 대학에서 문학사 학위를 받았다. 그동안 그는 신문배달원, 하우스보이, 웨이터, 접시 닦이, 요리사와 요트의 집사, 극작가의 개인비서 따위의 일을 하면서 고학했고 웅변대회와 토론회에 참석해 일등을 차지하기도 했다. 또 이강과 사귀어 함께 여행을 다니기도 했다.

그는 미국에 살면서 국제정세가 어떻게 돌아가는지 깊은 관심을 기울였다. 그는 졸업식에서 '극동에서의 러시아'를 주제로 연설을 하면서 러시아의 동방침략을 경고해 박수를 받았다. 1904년 러일전쟁이 발발하자 귀국을 결심했다. 미국생활을 접고 조국에서 할 일을 찾으려 한 것이다. 그 당시 그는 프린스턴대학원에서 장학금을 받았으나 이를 포기하고 7년 만에 귀국했다. 그는 훗날 이 대학에서 명예박사학위를 받았다.

청년 교육운동가의 망명길

그는 고국에 돌아와 서울기독교청년회 이사와 서기로 봉직했고 이 단체의 중학교에서 교장 노릇을 하기도 했다. 러일전쟁이 진행될 때 러시아를 경계하는 논설을 써서 미국 모교에 보내 발표했으며, 곧바로 상해로 건너갔다. 그곳 관계 요로에 러시아의 남진을 저지해야 한다는 것을 역설하려는 목적이었다.

그는 다시 귀국해서는 경신중학교 교원, 새문안교회 집사, 배재전문학교 강사 등 주로 교육자의 길을 걸었다. 영어에 능통한 데다가 미국 유학생 출신이라 여러 은행이나 회사에서 초빙을 했으나 모두 거절하고 가르치는 일에 열중했다. 그로서는 나라가 망해가는 현실에서 청년교육이 무엇보다 우선한다는 판단에 따른 것이다. 그는 영어만 가르친 것이 아니라 역사와 현실문제, 국제정세 등을 역설했다. 일반을 대상으로 하는 강연도 열심히 했다.

그의 나이는 어느덧 27세가 되었다. 그는 새문안교회에서 같은 교인으로 안면이 있는 15세의 무남독녀 조은애를 맞아 결혼식을 올렸다. 당시로서는 늦은 결혼이었고 나이 차이가 많은 남편이었다. 그는 아내를 정신여학교에 보내 신학문을 익히게 했다. 그의 여성관을 보여주는 사례일 것이다.

1910년 나라는 끝내 망했다. 그가 우려하던 대로 러시아에 나라를 잃은 것이 아니라 일본에 먹힌 것이다. 그의 좌절감을 새삼 설명할 필요가 없을 것이다. 이 무렵 조선총독은 그에게 동경외국어대학교의 교수 자리를 주겠다고 제의하기도 하고, 동경제국 대학교 장학금을 주선하겠다는 제의도 했다. 그는 이런 제의를 거절하면서 망명할 결심을 굳히고 있었다.

그의 은인이라 할 언더우드는 일본의 횡포를 해외선교본부에 보고하는 일을 수행했다. 언더우드는 김규식이 해외로 망명하려 하자 많은 도움을 주었다. 김규식은 1912년 4월, 조선총독부에 여권을 신청했다. 그는 중국 화교들에게 인삼을 팔러 오스트레일 리아로 간다고 핑계대기도 하고 그곳 대학에 진학하려 한다고도 했다. 그는 경상남도 진주의 갑부 정상환과 줄이 닿아 여비로 몇 천 원을 얻었다. 그때는 이미 장남 진동이 출생한 터라 망명 결심 을 하기가 쉽지 않았을 것이다.

그의 첫 발길은 상해에 닿았다. 당시 상해에는 몇 십 명의 우 리 동포가 거주하고 있었다. 그는 먼저 그곳에 와 있던 신규식, 신채호 등과 교류를 가졌다. 이광수의 회고에 따르면 1913년 12 월 말경 그가 신채호에게 영어를 가르치면서 발음을 대단히 까 다롭게 바로잡아 주었다고 한다. 김규식은 무엇보다 장교양성소 를 세워 일제에 대항하려는 생각을 가지고 있었다. 그는 구한국 군 장교 출신인 유동열 등 몇 사람과 함께 몽골의 울란바토르로 갔으나 장교양성소 설립은 실패했다.

그의 영어실력은 이 시기에도 발휘되어 미국 회사의 부지배인 또는 사원으로 취직해 돈을 벌었다. 그 자신이 "몽골에서는 모피 를, 화북지방에서는 성경을, 상해에서는 동력엔진 따위를 팔았 다"고 말했다. 이 무렵 그의 아내와 아들이 찾아와 다시 가정을 꾸릴 수 있었다. 하지만 1917년 아내가 폐병으로 중국 땅에서 죽는 불행을 겪어야 했다.

유창한 영어로 독립을 호소하다

1919년 봄, 프랑스 파리에는 각 나라의 대표들이 모여 북적댔다. 일본대표도 고급 승용차에 몸을 싣고 거들먹거리며 다녔다. 파리에는 제1차 세계대전이 끝난 뒤 전승국 대표들이 새로운 세계질서를 마련하고 평화를 추구한다는 구실을 내걸고 강화회의를 열고 있었다. 소비에트와 미국은 이 강화회의를 앞두고 민족자결과 무병합, 무배상 등의 평화원칙을 발표했다. 특히 미국은 약소민족 자결원칙을 발표했는데 그 대상은 독일의 식민지에 한한 것이었다.

파리강화회의 각국 대표들 사이로 키가 작달막하고 체구가 초라하기는 하나 기품 있고 침착해 보이는 30대 말의 동양인 한 명이 바삐 돌아다니고 있었다. 대표들은 이 사나이를 만나보고 적잖이 놀랐다. 영어가 유창하고 국제지식이 해박했던 것이다. 이 사람은 바로 한국대표 김규식이었다. 김규식은 중국 상해에서 배를 타고 두 달에 걸쳐 어렵사리 파리로 왔다.

당시 상해에는 한국 독립지사들이 모여 있었으나 뚜렷한 조직체가 없었다. 파리강화회의에 개인 자격으로는 갈 수가 없었다. 그래서 여운형, 장덕수 등이 급박하게 신한청년당을 조직하고 김규식을 국민대표로 삼아 파리에 파견했던 것이다. 김규식은 그때 천진의 미국계 회사에 근무하고 있었다. 그는 이해 1월, 남경에서 두 번째 아내 김순애와 재혼을 한 처지였다. 김순애는 새문안교회 시절 혼담이 오간 적이 있으며 그와 친구 사이인 서병호의 처제이기도 했다. 김순애는 역사를 가르치다가 일제 당국의 주목을 받아 남경으로 망명해 있었다. 그와 김순애는 평생 동지의 관계로 부부생활을 했다.

파리로 갈 경비 마련은 쉽지 않았다. 김규식이 벌어놓은 돈 몇천 원과 장덕수가 국내에서 가져온 돈, 상해 교민들에게 거둔 돈과 국내 천도교에서 보낸 돈 등을 합했다. 김순애는 모든 돈을 털어내서 무일푼이었다. 그래서 모금하러 국내로 들어갈 여비조차 없었다. 김규식은 파리로 가는 배표가 동이 나 겨우 파리강화회의에 참가하는 중국 여자대표의 표를 양도받아 출발할 수 있었다.

김규식은 3월 13일에 파리에 도착했다. 그가 파리에서 한창 활동을 할 때에 뒤늦게 상해에서 임시정부가 탄생했다. 임정은 그를 외교총장에 임명하고 나서 다시 정식으로 대한민국 대표로 임명했다. 이어 미국에 있던 대한민국민회와 러시아에 있던 대한국민회의에서도 그를 대표로 지명했다. 비로소 명실상부한 대한민국 대표가 된 것이다. 김규식은 임시정부 파리위원부 위원 자격으로 파리에 조선공보국을 설치했다. 김규식이 마련한 사무실은 파리 시내에 있었으나 전기조차 들어오지 않는 낡은 개인주택이었다. 그는 촛불을 켜놓고 밤새워 작업을 했다.

파리위원부에 요청해 타이피스트와 통역을 채용했으나 할 일
이 너무 많아 스위스에 유학 중인 이관용을 불러들였다. 5월 초
순에는 상해에서 김탕, 6월에는 독일에 있는 황기환과 상해에
있는 조소앙, 7월에는 상해에 있는 여운홍(여운형 동생)이 합류했
다. 일본의 방해공작이 치열했으나 이들의 노력으로 4월 10일자
로 첫 공보국 회보를 냈다.

김규식은 수행원들과 밤낮으로 머리를 맞대고 20개 항목으로
된 「독립청원서」를 만들어 회의에 제출해 한국의 독립을 호소했
다. 김규식은 「독립청원서」에 한국은 유구한 역사의 나라라는
것, 각국이 통상조약을 맺어 독립국임을 인정한 나라라는 것, 일
본이 불법으로 침략했다는 것, 3·1운동을 일으켜 독립을 제창하
고 임시정부가 수립됐다는 것 등을 피를 토하는 마음으로 적었
다. 이어 「한국민족의 주장」, 「한국의 독립과 평화」 등 민족선언
서를 대표들에게 배포했다. 또 공보국 회보도 연달아 발간하여
한국의 사정을 알렸다.

각국의 대표와 기자들도 상대해 활발한 외교를 펼쳤다. 8월 6
일 파리 외국기자클럽에서 열린 연회에는 프랑스, 소련, 중국 등
의 대표 80여 명이 참석했는데 불어로 번역된 「한국독립선언서」
와 여러 홍보물을 돌리기도 했다.

열강들은 한국의 요구와 청원에 거의 관심이 없었다. 특히 일
본대표는 김규식의 주장과 활동을 끊임없이 방해했다. 그래서
큰 성과를 거둘 수 없었으나 프랑스를 중심으로 한 유럽 대표들
은 한국의 처지를 이해했고 이를 국제문제로 부각시켰다. 4개월

에 걸친 김규식의 선전활동은 눈부셨다. 비록 한국 문제가 회의의 의제로는 채택되지 못했으나 최초로 한국 문제를 국제회의에 공식으로 알린 성과를 거두었다. 이러한 결과는 김규식의 민족애와 능숙한 영어 덕택이었다.

미국과 모스크바와 블라디보스토크를 누비다

김규식은 6월 28일 파리강화회의가 일단락된 뒤 미국으로 건너갔다. 그때 미국에 있던 이승만은 대한민국 집정관 총재의 자격으로 김규식이 미국으로 올 것을 요청했다. 이승만은 미국과 유럽에서 임시정부의 업무를 볼 구미위원부를 설립하고 김규식을 초대 위원장에 임명했다. 당시 국민회 중앙총회는 임시정부 재무총장에게서 위임을 받아 애국금 모금운동을 벌이고 있었다. 그런데 이승만은 국민회 중앙총회에 그 위임을 구미위원부로 넘겨주고 모금한 돈도 인계하라고 요구했다.

이렇게 하여 안창호 중심의 국민회와 이승만 중심의 구미위원부 사이에 갈등이 생겼다. 김규식은 이를 조절하여 구미위원부는 국채를 거두고, 국민회는 거둔 애국금을 그대로 보유한다는 타협안을 냈다. 김규식은 미국 서부지역을 돌아다니며 국채모집에 열성을 쏟았다. 그 즈음 과로로 인해 김규식은 두통에 시달리는 병에 걸려 두개골의 전면을 절단하는 수술을 받았다. 그 후유증으로 간질을 앓았고 수술 부분에 혹이 생겨났다. 그때부터 그에

게 '혹이 있는 선비'라는 별명이 붙었는데 김규식은 이를 재미있
게 여겨 그 뜻을 따서 '우사尤史'라는 호를 지었다. 사람들은 그
혹을 '독립혹'이라 불렀다. 그의 호는 그동안 서호西湖였다.

많은 국채를 거두었는데도 구미위원부의 외교활동은 별 성과
가 없었다. 이에 이승만과 김규식은 미국을 떠나 상해로 갔다.
두 지도자가 상해로 돌아온 1921년 임시정부에서는 대통령으로
추대된 이승만이 위임통치안을 주장했다 하여 탄핵을 서두르고
퇴진을 요구했다. 정부개혁론이 일어나기도 했다.

그는 상해에서 임시정부의 외교총장으로 활약하면서 남화학
원을 설립해 그 자신이 교장이 되어 조선 청년들에게 영어를 가
르쳤다. 외교관의 자질을 키우려는 생각이었다. 그러면서 이승
만의 대통령 사임요구를 주장하는 세력에 동조하여 퇴진운동을
펼쳤고 외무총장의 자리를 내놓았다.

1922년 1월에는 모스크바에서 열린 동방피압박민족대회에 참
석하여 한국의 독립을 열렬히 외쳤고, 이어 그 회장직을 맡아 보
았다. 이 대회에 김규식을 비롯해 여운형, 나용균 등 조선대표
56명이 참여했다. 상해에서 개최 장소로 예정된 이르쿠츠크로
가는 길은 참으로 형극이었다. 고비사막을 지나 몽골의 울란바
토르를 거쳐 들어가야 했다. 열차에는 밀정들이 득실거렸고 사
막에서는 영하 20도 이하의 날씨에 야영을 했다. 그들은 중국옷
으로 변장하기도 하고 몸에는 맹수의 공격에 대비해 권총, 소총,
비수 따위를 지니고 다녔다.

일행은 어렵게 개최 장소인 러시아 땅 이르쿠츠크에 도착했

다. 이곳에서 고려혁명군 대표로 온 홍범도 등과 합류했다. 당시 이르쿠츠크에서는 독립군 내분에 따른 자유시(흑하)사건으로 야기된 반역자 재판이 열렸는데 김규식, 여운형 등은 홍범도 재판장을 도와 배심원으로 참여했다. 가슴 아픈 일을 겪게 된 것이다.

갑자기 개최 장소가 모스크바로 변경되었다는 통보를 받은 대표단은 지친 몸을 다시 기차에 싣고 10여 일 만에 목적지에 도착했다. 극동민족대회는 크레믈린궁에서 열렸다. 조선대표 김규식이 개회 연설을 했다. 그 연설의 요지는 "하나의 불씨, 세계 제국주의 자본주의 체제를 재로 만들어버릴 불씨를 얻고자 기대한다"였다. 그의 끓는 의지에 많은 피압박민족 대표들은 열렬한 박수를 보냈다. 그는 무장투쟁 노선을 분명하게 천명했다.

이 임무를 마치고 상해로 돌아왔다. 임시정부가 창조파와 개조파로 갈릴 즈음이었다. 그는 창조파에 속해 외무의 책임을 맡았다. 한편 코민테른(공산당의 국제동맹)은 1923년, "조선에서 민족혁명당의 선전과 민족위원회의 조직 형태에 대해 협의하기 위해 민족주의자들 중에서 김규식을 블라디보스토크로 초청한다"는 초청장을 보냈다. 김규식 등 50여 명의 창조파는 블라디보스토크에 가서 회의를 거듭하고 "공산주의자와 민족주의자의 두 요소가 조선민중의 해방을 위해 협력해야 한다."고 천명했다.

그는 돌아와서 통합운동을 전개했으나 기대했던 소련의 도움을 받지 못해 배신감에 젖었다. 또 민족운동세력의 통합을 위한 민족유일당 운동에도 참가했으나 실패를 맛보았다.

그의 20여 년에 걸친 중국 생활은 말이 아니었다. 그의 아내 김순애도 독립투사여서 하루도 쉴 날이 없이 국내외로 분주하게 다니다 보니, 어린 두 딸을 잃고 남은 어린 아들과 딸마저 제대로 돌볼 틈이 없었으며 먹을거리가 떨어져서 굶기가 일쑤였다.

이 무렵 그는 천진의 북양대학 등에서 영문학을 가르치며 생활비를 얻어 쓰기도 했으나 뇌에 손상이 생겨 자주 졸도했으므로 한 직장에서 오래 버티지 못했다. 그는 이렇게 건강이 안 좋은데도 분열을 일삼는 임시정부를 수습하기에 온 정열을 쏟았다. 거듭 설명하면 당시 임시정부는 침체한 운동에 새 바람을 불어넣기 위해 조직을 개편하자는 개조파와 현상을 유지하자는 유지파, 완전히 조직과 이념을 새로 바꾸어 출발하자는 창조파 등으로 갈라져 싸움을 일삼았다. 그는 창조파에서 외무를 책임지는 일을 맡고서 언제나 좌익과 우익의 화합과 협상을 앞장서 주장했다.

통일전선 형성의 중심 역할

1931년 일제는 '만주사변'을 도발했고, 1932년에는 '상해사변'을 일으켜 본격적으로 대륙침략을 전개했다. 이러한 위기 국면이 전개되자 여러 민족운동단체는 전선의 통일을 위해 바쁘게 움직였으며 한국-중국의 연합과 지원도 모색했다.

김규식은 한국광복동지회 대표 자격으로 한국독립당의 김두봉, 조선의열단의 한일래, 조선혁명당의 신익희 등과 함께 실무위원회를 구성하고 한국대일전선통일동맹을 결성하기로 합의했다. 김규식이 이 동맹의 대표가 되었다. 이어 중국 항일민중단체와 합작하여 중한민중대동맹을 발족시켰다. 여기에는 김구, 조소앙 등이 속한 유력 단체가 가입하지 않은 한계를 가지고 있으나 그 강령에 "우리는 혁명적 역량의 집중과 지도의 통일로서 대일전선의 확대 강화를 기한다."고 밝혀 좌우의 역량 결집을 분명히 했다.

김규식은 두 단체의 특별대표 자격으로 미국으로 건너갔다. 세 번째의 미국 방문이었다. 그는 5개월 동안 미국 안의 조직을 확대하고 기금을 모으는 일을 했다. 그의 열정을 본 미국사람, 중국사람, 우리 동포가 연달아 초청장을 보내 연설회를 열었다. 그는 "세계 열강은 중국을 도울 도덕적 의무가 있으며 중국과 한국 민중은 굳은 동맹을 체결해 혈전을 벌여야 한다."고 외쳐 박수를 받았고 기금도 받았다. 두 단체의 조직을 확대하여 하와이, 뉴욕 등지에 중한민중대동맹 지부를 설치할 수 있었다.

그는 다시 중국으로 돌아왔다. 통일동맹이 1년쯤 활동을 벌인 뒤 '개인적 분산운동'과 '단체의 고립운동'을 청산한 효과를 얻었다고 판단하고 다시 임시정부까지 해체하여 더 큰 단체의 결성을 서둘렀다. 여러 차례 모임을 가졌으나 지지부진한 끝에 1935년 2월, 재미국민총회 위임대표 김규식과 한국독립당 대표 김두봉, 조선의열단 대표 김원봉, 조선혁명당 대표 최동오, 만주 신한독립당 대표 이청천 등 11명이 모여 좌우익 합작의 신당 창당을 선포했다.

당명은 절충을 거듭한 뒤에 중국에서는 한국민족혁명당, 국내에서는 조선민족혁명당으로 부르기로 하고 여기에 든 단체의 인적 자원과 자금을 모두 귀속시키기로 합의했다. 이에 따라 의열단의 국민당 정부 지원금(달마다 3천원), 한국독립당의 월수 정액 6백원 등이 들어왔다.

그 뒤 김규식은 중경으로 가서 성도에 있는 사천대학 교수가 되었는데 국민당 정부에서 그를 일제로부터 보호하기 위해 주선한 것이라 한다. 일단 김규식은 일선에서 물러나게 되었다. 당시 그 산하에 조선의용대를 결성해 대일전선에 투입했는데 김규식은 전선에 나가지 않았다. 게다가 김구 등 임정고수계열이 참여하지 않았고 김원봉 중심의 의열단이 헤게모니를 쥐려고 해 다시 참여 인사들이 떨어져 나갔다.

김규식은 사천대학에서 조용히 몇 년을 보낸 뒤 1943년 1월 태평양전쟁이 막바지에 이르렀을 때, 교수생활을 그만 두고 중경으로 나와서 임시정부에 가담했다. 비록 몇 년 동안 교육사업에 열중했으나 일제의 패망을 앞두고 다시 일선에 나서기로 결심을 굳힌 것이다. 당시 조소앙 등 우익이 민족혁명당을 탈퇴하는 등 분열의 조짐이 일고 있었다. 그는 가족과 함께 중경으로 와서 임시정부 앞으로 특별전보를 쳤다.

나는 이제 교편을 던졌고 나의 여생을 나라에 바치고 임시정부에 충성을 다하기로 결심했다.

일체의 과거사를 다 쓸어버리고 임시정부에 들어와 모든 동지들

과 합작하기를 원하며 재미 한인에 대해서는 임시정부를 위하여
노력하기를 바란다.

그는 민족혁명당 당원의 자격으로 임시정부 선전부장에 임명
되었다. 이때 유동열, 장건상 등이 합류해 오는 등 새로운 분위
기 속에서 임정 중심의 통합에 대한 의견이 오갔다. 이해 10월
임정 국무위원회에서는 김구를 주석, 김규식을 부주석을 추대했
다. 또한 한국독립당, 민족혁명당, 조선혁명자연맹(무정부주의 단체),
조선민족해방동맹(좌익 단체) 등이 참여해 좌우합작 통일전선을
구축하고 그 산하에 모든 독립군을 통합한 한국광복군이 조직되
었다.(연안의 조선의용군 제외)

김규식은 중국의 라디오방송, 국제방송, 신문과 강연을 통해
한국광복군의 조직을 알리고, 연합국이 임정을 승인해 줄 것을
요청하는 한편 독립운동 단체들이 임정을 원조해야 한다는 당부
를 했다. 이 무렵 그의 맏아들 김진동이 자라 그의 비서노릇을
하면서 2세 독립운동가로 활동했다.

마침내 민족해방의 날이 왔다. 하지만 임정은 연합국의 승인
을 받지 못하고 말았다. 임정 요인은 공식적으로 입국하지 못하
고 미군정 사령관 하지가 보내주는 비행기를 타고 귀국했다. 김
규식은 이시영, 김구와 함께 1진으로 해방이 된 지 18일 만인
1945년 11월 23일 여의도비행장에 내렸다.

마지막 합작운동과 남북협상을 펼치다

김규식은 망명한 지 32년 만에 해방된 조국에 돌아왔다. 하지
만 정국은 소란스럽기 짝이 없었다. 그는 해방정국에서 마지막
힘을 다해 두 가지 일을 추진했다. 당시 남쪽은 미국, 북쪽은 소
련의 군정이 실시됐다. 이때 모스크바에서 회의를 열어 한반도
를 미국, 소련, 영국, 중국이 일정 기간 위임통치하겠다고 결의
했다. 이렇게 되면 한국의 독립은 적어도 당분간 보장되지 않는
다. 전국은 이를 지지하는 좌익의 찬탁과 이를 반대하는 우익의
반탁으로 갈라져 피를 튀기는 싸움판이 되었다.

그는 반탁 지도자로서 제일선에 나서 투쟁했다. 미군정 당국은 정국의 혼란을 무마하려고 좌우합작을 주선했는데 김규식은 우익 대표로, 여운형은 좌익 대표로 참석했다. 좌우합작회의에서는 부르주아 민주공화국 수립, 새 정부에 좌우를 가리지 않고 진정한 애국자를 참여시킨다는 원칙에 합의했다. 그러나 우익진영의 이승만과 김구, 좌익진영의 허헌과 박헌영 등은 각기 다른 주장을 내세워 합작에 찬물을 끼얹었다. 김규식은 이를 감당하지 못하고 병이 도져 입원하고 말았다. 당시 미군정 당국은 온건하고 합리적인 김규식을 새 정부의 수반으로 내세우려는 공작을 벌였다 한다.

미군정의 권유로 입법의원이 설치되어 김규식이 그 의장을 맡고 좌우합작을 성사시키려 했으나 다시 실패했다. 입법의원은 당시 국회 구실을 했고 뒤에는 과도정부로 개칭하여 임시정부의 역할을 했다. 모든 일이 그의 뜻대로 이루어지지 않았다.

1948년, 국제연합이 남한의 단독정부 수립을 결정함으로써 대한민국 정부의 출범이 기정사실화되었다. 이해 2월, 김규식은 입법의원 의장을 사퇴하고 남북협상에 나섰다. 남북협상에는 김원봉, 홍명희, 허헌 등 많은 지도자들이 참여했으나 김규식의 진정한 동반자는 김구였다. 여운형은 이미 암살당하여 이 세상에 없었다. 두 지도자는 이승만의 반대를 물리치고 통일정부 수립을 위해 남북협상을 제의했던 것이다.

두 지도자는 4월, 38선을 넘어 북으로 들어갔다. 국토의 중간 지대는 비록 신록이 돋아나 만물이 생기를 내뿜고 있었으나 그들의 마음은 꽁꽁 얼어붙어 있었다. 평양에서 남쪽의 지도자들과 북쪽의 김일성, 김두봉 등이 머리를 맞대고 앉았다. 그러나 북쪽은 두 지도자의 진의를 외면하고 이승만과 다를 바 없는 정치적 술수를 부렸다. 모두 정권욕에 눈멀어 있었던 것이다. 두 지도자는 한을 품고 다시 발길을 돌렸다.

북쪽이 다시 남북협상을 제의해 왔으나 두 지도자는 이를 거절했고, 남한의 단독선거도 반대하여 참여하지 않았다. 좌우합작과 남북협상은 현실정치와 국제역학 구조에서 성공할 수가 없었다. 하지만 정권 문제를 떠나 실패를 각오하면서도 분단을 극복하고 통일정부를 수립해야 한다는 민족통일정신은 영원한 귀감이 될 것이다.

김규식은 정치가라기보다는 민족운동가였다. 이런 지도자는 현실정치에서 실패할 수밖에 없을 것이다. 이 과정에서 그는 민족진영의 우파로 중도노선을 선택했다.

그는 울분의 나날을 보냈다. 단독정부의 대통령이 된 이승만은 오랜 동지인 그를 외면했다.

그는 한국전쟁 시기 병든 몸으로 납치되어 북한으로 끌려갔다가 1950년 12월 몹시도 추운 만포진 용암포에서 죽었다고 한다. 민족지도자의 비극적인 말로였다.

그는 병든 몸인데도 아랑곳하지 않고 독립운동에 열정을 쏟았으며 능통한 영어 실력과 국제정세에 대한 해박 지식으로 외교를 맡아 조국에 공헌했고, 온건한 성품으로 늘 합작과 타협을 이끌면서 분열에서 단결로 역량을 모으려 했다. 그가 안정된 사회에 살았더라면 학자 또는 문인의 길을 걸었을 것이다. 오늘날 타협을 모르는 극단적 성향의 정치가들이 판을 치는 것을 보면서 그의 순수한 애국정열이 그립다.

여운형
해방공간에서 가장 인기가 높았던 지도자

몽양夢陽 여운형呂運亨(1886~1947)은 인간적인 면모가 훌륭했을 뿐 아니라 대중정치가로서 충족된 조건을 갖추고 있었다. 예부터 동양에서는 훌륭한 지도자의 구비조건으로 신언서판身言書判을 말했다. 여운형은 이런 조건을 충분히 구비한 사람이다. 그는 명문 집안에서 태어나 충분한 물적 지원을 받으며 교육을 받았다. 명석한 머리로 진보적 학문을 일찍이 깨쳤으며, 한학과 영어를 골고루 터득했다. 당시로서는 드물게 영어회화에도 능통했고 웅변술에 뛰어났으며 사람을 대할 적에 인정이 넘쳤다. 잘생긴 데다가 세련된 멋쟁이였고 게다가 기지와 제스처에도 능란했다.

늙은 나이에도 이웃집에 사는 여고보생이 남학생들에 시달리

자 그 남학생들의 멱살을 잡고 흔드는 협기를 보이기도 했다. 또 이화여자전문대학 학생인 이태영李兌榮이 웅변대회에서 여성의 평등을 주장하는 당찬 여학생이나 아버지가 없음을 알고 양녀로 삼은 정감이 넘치는 성격의 소유자였다. 그리고 서울역 노동자들의 주례를 서느라 온통 시간을 빼앗기면서도 조금도 싫어하는 기색을 보인 적이 없었다.

이 정도의 인물이 왜 해방공간에서 실패를 거듭한 끝에 암살을 당하고 말았을까? 그는 과연 이상주의자로 현실과 유리된 노선을 걷다가 좌절한 것일까?

여운형은 경기도 양평 신원리에서 대대로 벼슬을 누리던 부잣집 양반의 맏아들로 태어났다. 그는 10대 중반에 한문수업을 중단하고 배재학당에 입학하여 개화소년이 되었다. 을사조약 이후 그는 국채보상운동에 나서기도 하고, 일제 반식민지 상태에서 민중을 깨우치기 위해 곳곳에서 대중연설을 하기도 했다. 국채보상운동으로 단연운동이 일어났을 때 담배를 끊고 평생 다시 피우지 않는 결단을 보였다.

그는 21세에 아버지가 죽어 상속을 받았는데, 맨 먼저 빚 받을 문서와 노비관계의 서류를 불태워 버렸다. 그는 종들을 모두 불러 "너희들은 이제부터 나의 형제요 자매들이다"라고 외치고 각기 살길을 마련해 주었으며, 혼인하지 않은 종들은 짝을 맺어 주었다. 평생 농민과 노동자를 사랑하던 모습이 이때부터 나타났다.

여운형은 자신의 집 사랑채에 학교를 세워 신교육운동에 나서는 한편 상동교회에 들어가 전덕기 목사와 이동녕, 이회영 등의

여운형 그는 중단 없는 운동가였고 목숨을 바쳐 민족을 사랑했으며 언제나 남보다 한발 앞서서 이끌어 나간 탁월한 지도자였다.

명사들과 접촉했다. 그는 기독교에 들었으나 남의 신앙을 입 밖에 낸 적이 없었다.

1914년 그는 활동무대를 국외로 옮기기로 결정하고 상해로 갔다. 그리고 남경에 있는 금릉대학金陵大學 영문과에서 서양학문을 익히고 미국인 서점인 협화서국協和書局에 근무하면서 영어회화를 배웠다.

여운형은 상해에 망명해 있던 신규식 등과 교민단을 조직하여 그 단장으로 활동했다. 이어 신한청년당을 조직하여 파리강화회의에 피압박민족의 사정을 설명하는 청원서를 제출하기도 했고, 자금과 선전자료를 얻기 위해 서북간도와 시베리아로 진출하기

도 했다. 이때 그의 영어실력과 웅변술은 그의 활동에 큰 도움을
주었다.

그 즈음 국내에는 3·1운동이 일어났고, 그 영향을 받아 상해
에 임시정부가 태동되었다. 그는 처음부터 임시정부 지도인사들
과 마찰을 빚었다. 그는 국호를 조선朝鮮으로 하고 구황실을 배
격해야 한다고 고집했는데, 대부분의 지도인사들은 국호를 대한
大韓으로 할 것이며 구황실의 우대를 주장했다. 그가 '대한'이란
국명을 반대한 이유는 임시정부가 대한제국을 승계하는 정신을
거부한 것이요 구황실의 우대는 공화정체를 추구하면서 이씨 왕
조를 받드는 꼴이란 것이다. 당시로서는 아주 진보적인 의식이
었다. 이때부터 임시정부와 일정한 간격을 두고 때로 현실대처
에 이견을 드러냈던 것이다.

처음에는 임시정부의 외교위원을 맡기도 했는데 임시정부가
정부형태로 발전하자 입각을 거절하고 상해교민단장의 일만 보
았다. 그는 이회영과 같이 정부형태보다는 운동단체의 육성을
더 강조했던 것이다. 그의 활동은 개인적이라는 비난을 받긴 했
으나 대단히 폭이 넓고 화려했다.

여운형은 일본 척식장관拓殖長官의 초청을 받고 임정계 인사들
의 반대를 무릅쓰고 일본으로 건너가 그곳에서 일본 고위인사들
에게 조선독립의 당위성을 역설했다. 특히 대중연설을 통해 일
본의 식민지 정책을 강력하게 비난했다. 그는 연설이 끝난 뒤 청
중들이 자연스럽게 "조선독립 만세", "몽양 일행 만세"를 외치도
록 유도했다. 일본 당국은 그를 초청한 것을 후회했으나 체포할

수는 없었다.

상해로 돌아온 그는 임정과 관계없이 줄기차게 외교활동을 벌였고 중국 공산당에도 가입했다. 그가 기독교도가 된 것이나 공산당에 가입한 것은 민족운동을 위해 지원세력을 확대하려는 계산이 깔려 있었던 것이다. 이런 모든 역량을 동원하여 1921년 김규식, 홍범도, 이동휘 등과 함께 모스크바에서 개최된 원동遠東 피압박민족대회에 다녀왔고, 중국의 혁명세력인 손문에게 지원을 요청하기도 했다. 그러면서 장개석 주도의 중국 국민당에도 가입했다. 이런 활동으로 그는 늘 테러의 위협을 받고 있었다.

1927년 장개석이 공산당 세력에 대한 탄압을 감행한 뒤 중국 혁명세력은 공산당과 국민당으로 분열했다. 위기를 느낀 여운형은 장개석의 눈을 피해 일단 지하운동으로 활동을 전환했으며, 중국 학생들로 남양南洋 원정축구단을 만들어 싱가포르, 필리핀 등지를 돌았다.

이 무렵 그는 영국 제국주의를 공격한 탓으로 체포되어 일본 경찰에 의해 본국으로 송환되었다. 이제 그의 생애는 새로운 전기를 맞게 되었다.

목숨을 앗아간 통일의지

여운형은 국내에 들어와 3년 동안 감옥에 갇혀 지냈다. 감옥에서 나온 그에게 일제는 감투를 주겠다느니 많은 이권을 주겠

다는 따위로 유혹했으나 모두 거절했다. 그는 조선중앙일보 사
장으로 취임하여 겉으로는 서울역 노동자들의 결혼주례 같은 일
에나 열중하는 듯이 보였으나 안으로는 중경의 임시정부와 연안
의 조선독립동맹과 연계를 모색하는 등 지하운동을 펼쳐 나갔
다. 많은 인사들이 친일파가 되어 날뛰는 시기, 그는 고고하게
변절하지 않았던 것이다.

손기정 선수의 일장기 말소사건으로 조선중앙일보가 폐간된
뒤 그는 신사참배니 국방헌금이니 징병 권유니 따위 강요를 일
체 거절하고 새로운 활로를 모색했다. 그는 1944년 비밀결사인
조선건국동맹을 조직했는데 그때 맹원이 1만여 명이었다고 한
다. 또 비밀리에 농민동맹을 조직하기도 했다.

여운형은 일제의 패망을 앞두고 혼란기의 치안을 유지하려면
무장력 확보가 시급하다고 보았고, 건국동맹 조직을 통해 이를
실현시키려 했다. 미래에 대처하는 원대한 구상이었다. 패망을
앞두고 조선총독부 정무총감 엔도는 그에게 조선의 치안에 협조
해 달라고 부탁했다. 그는 긍정적으로 이를 수용했다. 그런데 미
리 준비한 대로 조건을 달았다. 곧 정치범·경제범의 즉시 석방,
치안유지와 건설사업에 간섭하지 말 것 등이었다. 총독부를 대
신해 치안을 맡겠다는 뜻이다. 다급해진 엔도는 거부할 처지가
아니었다.

드디어 8·15 해방을 맞아 여운형은 재빨리 건국동맹을 모태
로 건국준비위원회를 조직했다. 자신이 위원장을 맡고 안재홍을
부위원장으로 앉혔다. 건준은 치안대 조직을 확대해 8월 말경

여운형의 대중강연 모습 그
는 웅변술에 뛰어난 대중정
치가로서 해방공간에서 큰
인기를 바탕으로 민족통일에
헌신했다.

전국에 걸쳐 145개의 치안대 지부를 설립했다. 이어 건준이 모
체가 되어 새로이 조선인민공화국을 발족시켰다. 여기에는 이승
만을 주석으로, 여운형을 부주석으로 추대했다. 우익이 임정추
대운동을 벌이자 이에 대항하려는 수단이었다. 삽시간에 남한의
모든 지역에서 면·동·리 단위로 인민위원회가 조직되었다.

그러나 미군정이 실시되고 이승만이 환국하자 인민공화국과
인민위원회는 강한 압박을 받아 무산될 수밖에 없었다. 그러나
해방공간에서 적어도 주체적 정부수립을 계획했다는 데에 큰
의미가 있으며, 미군정의 피점령국 정책에 맞선 자주적 노선을
추구했다는 의미를 지닌다. 하지만 좌우의 갈등은 더욱 심화되
었다.

이어 신탁통치문제로 그 찬반을 놓고 좌우익이 극한대립을 보

일 적에 그의 노선이 빛을 내기 시작했다. 극우의 이승만은 남한 단독정부 수립을 들고 나왔고, 극좌인 박헌영은 부르주아 민주주의혁명을 토대로 신전술을 채택해 미군정과 심한 마찰을 보였다. 이로 인해 나라 전체가 펄펄 끓는 혼란의 도가니였다.

여운형은 중도좌파를 대표해 김규식으로 대표되는 중도우파와 좌우합작위원회를 구성하여 조국분단과 민족분열을 저지하고 통일정부 실현에 앞장섰다. 이 운동이 미군정 당국의 교묘한 방해공작으로 좌절되자 북한지도자들과 네 차례에 걸쳐 좌우합작과 통일정부 실현을 위해 회담을 했다. 김구보다 훨씬 조직적이고도 실천적인 운동을 펼친 것이다.

1947년 5월, 근로인민당을 조직하고 좌우합작을 위해 미소공동위원회의 성사를 지원하던 중 여운형은 극우청년 암살자의 총탄에 쓰러지고 말았다. 그 암살자의 배후로 여러 가지 설이 분분하게 떠돌았는데 미국이 사주했다고도 하고 이승만을 따르는 수도경찰청장 장택상이 있다고도 하고 김두한 등 우익청년들이 있다고도 했다. 하지만 오늘날까지도 그 배후가 시원하게 밝혀지지 않았다.

그의 빈소에는 수많은 사람들이 몰려와 통곡했고 장례행렬에 자발적으로 모인 조문객이 큰 행렬을 이루었다. 그는 해방공간에서 가장 인기 있는 정치인이었다. 1945년 11월 선구회에서 벌인 여론조사에 따르면 "조선을 이끌어갈 양심적 지도자" 항목에 여운형 33퍼센트, 이승만 21퍼센트, 김구 18퍼센트, 박헌영 16퍼센트, 김일성 9퍼센트, 김규식 5퍼센트의 순서로 매겨졌다. 물론 어수선한 시기였고 정치활동이 본격적으로 벌어지지 않은 시기여서 국민의식이 자리잡았다고 보기에는 한계가 있다.

그는 좌우합작운동을 전개하는 중에 그 실패를 예견했다고 하며, 죽기 전에도 측근들에게 "나는 결국 죽을 거야. 그렇지만 죽더라도 분단만은 막으려 노력해야 하지 않겠나."라고 말했다고 한다. 다시 말해 실패를 하더라도 끝까지 남북분단을 막기 위한 운동을 중지해서는 안 된다는 것이니, 이를 가지고 그를 이상주의자라고 탓할 수가 있겠는가?

새로운 통일기운의 큰 기준

여운형의 좌우합작운동은 김구가 벌인 남북협상 이전의 일이다. 이에 대해 극우와 극좌 모두 합작노선의 계급적 기반이 약하다고 비판했다. 사실 이때 중도파는 박헌영이 이끄는 극좌처럼 운동의 강도와 대중조직을 갖지 못했고, 이승만의 한민당이 주도하는 극우처럼 자금과 경찰과 행정기구, 청년단체를 장악하지 못했다는 해석이 나온다. 그리하여 "좌우합작운동은 반드시 성공할 것이라고 굳게 믿은 것만은 아니었다. 그것의 추진에는 내외의 조건으로 따져보아 국토의 분단과 민족의 분열을 당장에는 막아내지 못한다 하더라도 극좌 극우노선에 의해 양극화된 민족 내의 대립을 중화시키고 약화시켜 상호간의 증오와 살상을 최소화하여야 한다는 판단도 작용했다."(서중석 『한국현대민족운동연구』)는 평가가 나온다.

그가 죽고 난 뒤 그의 집안은 심한 고통을 당했으며 취직도 제대로 할 수 없었다. 그의 딸 연구燕九는 해방 당시 이화여자전문학교에 다녔는데 늘 미군정청 경찰의 감시가 따랐으며 생명의 위협을 느꼈다. 1946년 여운형은 북쪽에 갈 때 딸을 데리고 가서 북쪽에서 살게 했다. 아버지로서는 딸의 생명을 보호하려는 간절한 소망이 있었겠지만 이것도 그를 꾸짖는 빌미가 되었다.

그의 동생인 여운홍의 정치활동도 늘 견제를 당했다. 그의 추종세력인 건준 또는 인민위원회 또는 근로인민당 당원들은 끊임없이 감시와 압박을 받았다. 툭하면 빨갱이로 몰려 정치활동은커녕 사회활동도 제대로 할 수 없었다.

이제는 그에 관한 연구가 대단히 활발하게 전개되어 전기와 전집, 연구서들이 계속 출간되고 있다. 이런 현상은 그동안 권위주의 정권들의 반공 이데올로기정책으로 그에 대한 조명이 제대로 이루어지지 못한 현실 탓이기도 하나, 그보다는 새로운 통일 기운에 그의 사상과 의지가 큰 기준이 되기 때문일 것이다.

결론적으로 여운형은 중단 없는 운동가였고 목숨을 바쳐 나라와 민족을 사랑한 애국자였다. 그는 언제나 남보다 한발 앞서서 민중을 이끌어 나간 탁월한 지도자였다.

그가 죽었을 때 묘지는 서울 교외에 속하는 성북구 우이동에 정했다. 국립묘지가 조성된 뒤에도 그의 묘소는 국립묘지로 옮겨지지 않았으며 독립유공자로도 지정되지 않았다. 좌익과 손을 잡았다는 뜻이다. 한편 북한강 가에 있는 강변마을 신원리에 있

는 그의 생가는 모두 무너져 없어지고 작은 건물 하나만 겨우 버
티고 서 있었는데 근래에는 뜻있는 인사들이 복원을 서두르고
있다.

ㄱ